别让孩子伤在小学

沟通篇

家长如何与
小学老师巧交流

饶雪莉 著

作家出版社

图书在版编目（CIP）数据

别让孩子伤在小学. 沟通篇 / 饶雪莉著. -- 北京：作家出版社，2022.10
ISBN 978-7-5212-1928-9

Ⅰ. ①别… Ⅱ. ①饶… Ⅲ. ①小学 - 家庭教育 Ⅳ. ①G782

中国版本图书馆CIP数据核字（2022）第102051号

别让孩子伤在小学（沟通篇）

作　　者：饶雪莉
责任编辑：郑建华　李　雯
装帧设计：今亮后声·郭维维
出版发行：作家出版社有限公司
社　　址：北京农展馆南里10号　　　　邮　　编：100125
电话传真：86-10-65067186（发行中心及邮购部）
　　　　　86-10-65004079（总编室）
E-mail:zuojia@zuojia.net.cn
http://www.zuojiachubanshe.com
印　　刷：唐山嘉德印刷有限公司
成品尺寸：165×240
字　　数：167千
印　　张：15
版　　次：2022年10月第1版
印　　次：2022年10月第1次印刷
ISBN　978-7-5212-1928-9
定　　价：46.00元

教育孩子不是一件简单的事情，

作为家长，

作为老师，

我们能够努力做到的

就是帮助孩子在"快乐成长"的

理想和"考试升学"的压力下，

找到一个最佳的平衡点。

序一

叩开老师和家长的心门

　　在饶雪莉老师的《别让孩子伤在小学》这套书中，饶老师深入浅出和家长沟通"如何与小学老师配合""如何与小学老师打交道""如何提高孩子的学习成绩"，把她多年做老师、做母亲的经验与读者进行无私地分享，内容涉及面广，很多是家长朋友关注的热点话题，以丰富详实的案例作支撑，很是难得。做老师多年，至今仍在小学一线担任语文老师和班主任的我，因工作的关系，接触了许许多多家庭教育类丛书。这些书籍，要么文字艰深，故弄玄虚，让读者很难一下子进入；要么脱离实际，纸上谈兵，并没有太大的指导意义。而饶老师的书，恰到好处地戳中我的内心，说出了老师的心声，说出了家长的疑惑，不张扬，不卖弄，不兜转，尤其能帮家长更好地读懂孩子、读懂老师，搭建起孩子与家长、家长与老师、家长与学校沟通的桥梁。

家校共育，顾名思义，是家庭和学校相互配合，携手共进，形成合力，共同承担教育、培养孩子的责任，为孩子的健康成长保驾护航。那种认为把孩子交到学校，家长就可以当甩手掌柜；或者一味地否定学校、否定老师，认为自己才是教育专家，我行我素、拒不配合的做法都是不可取的。其实，家庭和学校，父母和老师，从来都不应该站在对立面。正如饶老师在书中所说，老师和家长就是孩子成长的双翼，只有取得平衡与和谐，我们的孩子才能飞得高，飞得远。所幸的是，家校共育的重要性得到越来越多家长的关注和认可，大家也渐渐把目光从只看重考试成绩，投向孩子性格的养成、习惯的培养、心理的塑造等全面发展上来。可以说，今天的家长，对孩子的关注和期望已经远远超过以前；可随之而来，所面临的困惑和迷惘也更多，越是这样，家长往往越焦躁不安、手足无措。可以说，《别让孩子伤在小学》这套书籍，很好地解决了家长们的难题，给了家长们很多有益的提醒和建议。

首先，内容涉猎广泛。全套书分为两本，有关注教育细节的话题，有对孩子身心健康的呼吁，有怎样做一个智慧型家长的方法引导，更有让无数家长头疼的，诸如"为何孩子上课不发言？""为何孩子在学校没朋友？""孩子专注力不够怎么办？""如何给孩子选择兴趣班？""孩子作业多，家长怎么办……"等问题的对策。可以说，家长们所关心的问题，在书中都能读有所解。

其次，案例详实丰富，"提示"画龙点睛。饶老师在书中以"案例＋温馨提示"的方式呈现每一个章节，由浅入深，走进读者内心。书中那一个个的孩子——小刚、小雨、小曾、明明、涛涛……鲜活地站在了读者面前；一个个家长，不管是加藤妈、王女士，还是小强妈妈、曾爸爸……你似乎总能从中找到自己的影子；更难得的是，饶老师不断地总结、反思自己在教师、家长的角色当中，那些难忘的小插曲，或曾有过的青涩之举，分享自身的经验和教训，让更多的家长从中受益。

最后，语言朴实，诚挚动人。我一直认为，一本好书，是能叩开读者的心门，能引起读者共鸣，能让人合上还会细细咀嚼、回味无穷的。相信无论何时，无论何地，不管是家长，还是老师，都能如聊家常一般和饶老师对话，都能敞开心扉，审视自己的内心。这种感觉，就像是身处这样炎热的夏季，也可以静下心来，一边喝着咖啡，一边听一个久违的老朋友不疾不徐、娓娓道来。

这样的阅读体验，真好！感谢《别让孩子伤在小学》！感谢饶雪莉老师的无私分享！

姚满华 全国优秀教师，全国优秀中队辅导员，小学语文骨干教师，成都市学科带头人，成都市天府学堂领读人，现任成都市泡桐树小学（天府校区）语文教师、班主任。工作二十余年，执教公开课、观摩课、研讨课一百多次，课例、论文多次在全国、省、市获奖。

序二

教师与教师的相遇

在这个炎热的夏天，我翻阅着饶雪莉老师的《别让孩子伤在小学》这套书。一页一页、一篇一篇地读下来，终于明白为什么饶老师被称为"最了解孩子的老师作家"了，集作家、教师、家长身份于一身，她对学生的教育给出了最明确的方向。文字里满是真诚，故事中蕴含着道理。仿佛一茶一饮间和你畅聊，又似一山一水处与你闲叙，真是畅快！

书中所写的内容，分别从细节教育、兴趣培养、学习指导、家校配合出发，对择校、择师、兴趣班、校园霸凌等多个在小学会常常遇到的问题进行了细致的分析，结合饶老师多年的教学经验和亲身感触，得出了令人信服的结论，以和你们聊聊天的形式给出了可行的方法。

比如《当班干部是孩子自己的事，不是家长的面子》里饶老师指出很多时候当班干部孩子不在意，反而是家长更在意。饶老师告诉家长们，放手让孩子自己去决定吧，有些路必须孩子自己去走。

书中还告诉我们：平时成绩比期末成绩更重要；走进孩子的心，从共同的爱好开始；爱美的孩子没有错；别让假期成为孩子的牢狱；当心家里有个"两面派"；别让小升初成为难以言说的伤……

读完此书静思，自己也是有二十几年教龄的教师了，走进饶老师描述的故事里，我或多或少能找到自己的影子，常有怦然心动的瞬间，也有怅然若失的刹那。有欣喜，因为自己的某个教育策略和书中所写不谋而合；有遗憾，因为错失了一次能改变学生的教育契机。

读到《孩子上课爱讲话，教育不必太正经》一节时，我不禁想起自己的课堂。还记得刚做教师时我最理想的课堂是：学生端坐双手叠放，两眼平直书本整齐，发言举手方向一致。像军人似的训练着自己的学生，如果有学生胆敢讲话那必然是严词批评甚至罚站，我当时以为那就是好班风，好班纪。可是后来，渐渐发现，学生上课举手发言的少了，和我互动的少了，呆坐神游的多了，才意识到这样的教育有问题，也开始思索正确的教育方法。

直到有一次语文课。那节课我讲的内容是《桂林山水》，正提问桂林山水的特点，俊霖不管不顾在和他的同桌讲话，还转过身和后排的同学说着什么，我发觉后叫他没反应，再叫他仿佛一下子惊醒，愣愣地不知所措。我心里一下子火就大了，可是定神反问，发火又有何用？静静心，问一下他到底在讲什么。

于是我问："俊霖你在讲什么？"

"老师，我去过桂林，我在给涵涵讲……"

"那你就把你眼中的桂林讲给同学们听听，叙述出桂林的美来……"结果，他真的把自己的旅游经历完美地呈现了，还附加了广西的一些风土人情，同学们都心生向往。我表扬了他的发言，也请他注意上课时学会倾听，要尊重其他同学。俊霖微笑点头，脸上满满的成就感。后来的课堂上，他总是发言积极，有自己的思考，常能有独到的见解。

这事以后，我的教育策略也慢慢在改变，我变得宽容，变得幽默，变得更有人情味。细细想来，以前的教育动辄就批评，简单粗暴，真的是遗憾多多，错过了多少倾心聆听学生的机会呀！

《别让孩子伤在小学》这套书里就有教师们常遇到的教育问题，饶老师会告诉你如何让自己的教育不留遗憾，怎样做才能找到捷径。

除去教师的职业，我也是家长，全天下父母的心都是一样的，希望孩子快乐成长，也希望孩子品学兼优。在《别让孩子伤在小学》里，饶老师帮助我们在"快乐成长"的理想和"应试教育"的现实下，找到一个最佳的平衡点。

《别让孩子伤在小学》是一套很朴实很有诚意的书，它没有故弄玄虚地卖弄教育学和心理学的理论，有的只是通过亲身经历得出的朴实无华却又非常有用的教育策略。

感谢与《别让孩子伤在小学》的一场相遇。这是教师与教师的相遇，是教师与家长的相遇，是家长与学校的相遇……这场相遇必定会促进家校沟通，推动孩子健康成长！

曾素梅　四川省自贡市沿滩第二小学教师；高级教师；被省教厅表彰为"四川省名班主任"；2013 年，所带班级被评为"全国优秀班级"；撰写的小学语文经验论文，曾多次获国家级、省级、市级一等奖。

自序

美好的小·学时光

回忆中，我的小学时光，是无限美好的。

那时，没有大量的教辅资料，没有补习班，没有特长班，没有托管班。我记得我每天都背着一个小书包快快乐乐地去上学，好像那时的"坏人"也特别少。

老师会组织我们去春游、秋游、野炊……同学们在大自然中嬉闹奔跑。每到班会课，老师还会让我们自由发挥创意，开展各种各样的中队活动，作为中队长的我永远是活动的策划者、主持人。想想，自己的能力在小学阶段就已经得到了很好的锻炼。

不干胶、太阳饼、搅搅糖、花仙子……伴我度过了美好的小学时光。

不知道是不是那份难忘的记忆牵引着我，师范学校毕业后，我又回到了以前的小学。只不过，这次，我的身份变了，我从一名学生成为一名小学教师。

然而，变了，我发现一切都变了。

孩子们的书包重了，大量的教辅资料涌进了学校，各种各样的补习班、特长班充斥着孩子们的生活。戴眼镜的多了，小驼背多了，不快乐的孩子，多了！

为了安全，学校禁止春游、秋游、野炊……为了完成沉重的教学任务，我没有时间给孩子们开展各种各样的中队活动。

我突然间感到很迷茫，同样的学校，可是，找不到以前的美好了。

于是，我开始创作儿童文学，白天教书，晚上写作，试图将儿童文学与儿童教育融合成自己独特的风格。我渴望孩子们能在我所写的书中读到快乐。写作的过程很辛苦，但却渐渐让我不再迷茫，因为写作，我更加了解我的学生，更加能融入他们的生活，我的工作也干得越来越有声有色，各式各样的荣誉证书塞满了我的大大小小的抽屉——从市级到省级，从省级到国家级。学校、家长和学生的肯定让我坚信自己的路没有走错。同时，一本本儿童小说的出版，让我拥有了除学生以外更多的小读者。

很多人问我："你为什么还要做老师？"

我也问过自己：为什么？做教师的收入已经远远赶不上每年所得的稿酬，我为什么还要让自己这么辛苦？

确实不知道为什么，就是不舍吧，不舍那些天真可爱的孩子，不舍真诚的家长，不舍对三尺讲台的那份情结，不舍校园的各种滋味……

因为这份不舍，一坚持就是十五年。当和我同时起步的一些儿童文学作家已经在全国范围内大力推广自己时，我还在教育一线一边辛苦工作一边埋头写作。我拒绝了很多签售、讲座，因为我放不下我的学生；我拒绝了写商业化的作品，因为我知道自己是一名老师作家，我的作品必须要对得起这个称谓。我希望孩子们能从我的作品中读到快乐、阳光、自信、坚强……照亮他们成长的道路。同时我坚信，一份职业，必须干满十年以上，才能体会到其中的内涵。

二十六岁那年，我有了自己的宝贝女儿。除了老师、作家之外，我又多了一重身份，那就是家长。我渐渐发现，一个孩子的健康成长，不仅需要来自家长和老师各自单方面的引导，还需要家长和老师的巧妙配合。于是，我开始尝试在自己的儿童文学作品中加入更多的素材，包括家长和孩子、孩子和老师、老师和家长之间相处的点点滴滴。

三十岁那年，我接手一个新的一年级，这帮小孩是最让我费神的一届，他们聪明可爱，但自我意识极强。他们的父母都是和我年龄相仿的同龄人，但是我却发现，很多家长不知道怎样和自己的孩子相处，不知道怎样和老师沟通。每次开家长座谈会，我谈得最多的不是孩子们的学习问题，而是家长对孩子的引导和家长与老师的配合。

作为老师，我想教给孩子们比书本上的内容更有价值的东西；作为家长，我想让我的女儿进入一所我小说中的"甜蜜园小学"。我们与其喋喋不休地抱怨当今的教育体制，不如首先改变自己的教育理念。家长在左，老师在右，唯有家长和老师紧紧握手，达成共识，孩子们才会健康快乐地成长。

于是我决定静下心来给家长们写一本书，把这些年教师生涯中所积累的经验与更多的家长分享。我虽然不是教育专家，但我是最了解孩子、最了解家长、最了解老师的作家。我愿意搭建一座沟通的桥梁，桥的这头是老师，那头是家长。家长和老师的和谐沟通，最需要的不是利益交换，不是阿谀奉承，而是彼此的真诚。

这本书写得很顺利，每一个话题一开头，我的脑海中就会有无数真实的片段一一闪现。原来，不知不觉中，十五年的一线教师和班主任经历，成了我宝贵的经验。

老师、家长、作家，三重身份的我，终于找到了一个出口，圆了一个有价值的梦。这比我开一百次家长座谈会更有意义。

希望每一个孩子的小学时光，都有好家长和好老师的共同陪伴；希望每一个孩子的小学时光，都能留下美好的回忆。

目录

第一章

良性沟通有技巧

1

孩子上课不发言，
找到原因施妙计

每个孩子的性格不同，上课不爱发言的原因也不同，老师和家长需要针对孩子的个性差异，变换不同的妙招。如果招数用错了，不仅对孩子没有帮助，反而会产生反效果。

小学老师都应该有这样的感觉，在自己所教的班级里，总有一些孩子发言特别积极，老师一个问题抛出来，他们马上就能举起自己的小手，争先恐后地发言；还有一些孩子偶尔举手；当然，也有一些孩子，很少或是从来不会举手发言。

"你的小孩什么都好，就是上课不爱发言！"

做家长的，听到老师这样的意见，心里难免都会有些不舒服，就会对孩子说:"你为什么上课不发言啊?是不是没有听讲啊?上课要多发言,跟着老师的思路走,知道不知道?"

家长这样说,没有一点意义,反而让孩子听了也很不舒服。

其实,孩子上课不回答问题,有很多原因:老师上课不精彩,让人听得昏昏欲睡;孩子天生性格内向胆小,不喜欢在众人面前表现自己;家长对孩子要求过于完美,孩子凡事谨小慎微,总担心出错;孩子曾经回答问题遭到过老师的否定或者同学的嘲笑,自尊心受到了伤害……这些原因都会导致孩子上课不爱回答问题,所以当老师和家长发现孩子上课不喜欢回答问题时,不能把所有的责任都推给孩子,一味地指责孩子,而应该首先找到孩子不爱主动发言的原因。

如果是因为孩子性格内向胆小,家长在家里可以这样对孩子讲:"我今天碰到你们老师了,老师说你回答问题回答得很不错哟!"被人表扬总是开心的,即便孩子心存疑惑,想:可是我很少回答问题呢!但他多半不会说出来。下次上课的时候,想到老师对他的赞扬,他一定会比之前更加大胆。

在学校,对那种不爱发言的孩子,老师要多观察,抓住孩子的其他闪光点在全班同学面前给予表扬,让孩子在班里增强自信心。小学生是最会察言观色的,一般来说,一个班级里,那些经常被老师表扬的孩子不但学习成绩优异,性格开朗,而且往往很少被其他同学欺负。反之,经常被老师批评的孩子受到的委屈和欺负相对更多，孩子的自信心也会大大受挫。

让孩子上课主动发言，老师和家长的巧妙配合是关键。

小琴是个胆小的姑娘，她上课认真听讲，但从不举手发言。小琴妈妈得知孩子的问题后，主动找到老师进行沟通，希望得到老师的帮助。小琴的班主任毕老师是一位有着丰富教学经验的老师，她对小琴妈妈说："你不用担心，我来想想办法。"

毕老师单独找小琴聊天，温和地询问她不愿举手发言的真正原因，小琴告诉毕老师，是怕自己说错，被同学笑话。毕老师悄悄对小琴说："我有一个好办法，既能让你积极举手发言，又不用担心大家嘲笑。"

毕老师的办法其实很简单，也很有趣。毕老师和小琴约定，以后上课，无论老师提出什么问题，小琴马上举手，能回答的问题，举右手；不能回答的问题，举左手。小琴举左手的时候，毕老师保证绝对不会抽她回答。

因为和老师有约定，小琴照做了。起初，她每次都举左手，毕老师很守诺言，从来不曾叫她回答问题，但经常会当着全班同学表扬小琴："看，小琴同学这段时间表现多积极啊！希望大家向她学习哟！"小琴这时候会在大家的掌声中羞红脸。终于有一天，毕老师惊喜地发现，小琴举右手了！毕老师赶紧点小琴回答问题，小琴虽然很小声，但是回答得非常正确。全班同学也给予小琴热烈的掌声。小琴永远忘不了那一次的掌声，掌声过后，她举右手的次数越来越多，渐渐地，举手发言对小琴来说不再是难事了。

这个"左右手"的故事，给了我很多教育上的启示，我也曾多次用在和胆小学生的相处中，都取得了不错的效果。

当然，每个孩子的性格不同，上课不爱发言的原因也不同，老师和家长需要针对孩子的个性差异，变换不同的妙招。如果招数用错了，不仅对孩子没有帮助，反而会产生反效果。

我曾经教过一个比较调皮的男生叫晓腾，他上课坐不住，一张纸捏在手里也能玩半天，主动发言的次数更是寥寥无几。

突然有一天，我发现晓腾上课坐得端端正正，只要我一提问，他就立即举手回答，虽然多数问题都是答非所问，但对他来说，毕竟是很大的进步，我甚是欣慰，同时也很纳闷儿：这孩子怎么瞬间懂事啦？

这样的情况持续了整整一个星期，晓腾就像是上了发条的"发言王"，积极发言的热情让各科老师都瞠目结舌，甚至有老师问我："饶老师，你给晓腾灌了什么药？让他和之前判若两人？"

我真的什么也不知道啊！

终于有一天，我发现了晓腾的古怪，他的书下藏着一个小本子，他每回答一个问题，就会移开书，用笔在小本子上写着什么。

我趁他不注意，悄悄走到他身边，我发现他在本子上写的是"正"字，我大概猜到了他积极回答问题的原因。

于是，我找到晓腾询问。晓腾倒也坦白，开心地对我说："饶老师，我妈妈说了，只要老师抽我回答一个问题，我就记下来，一个问题一元钱，我这几天靠回答问题已经挣了六十多元了，嘻嘻……"

"妈妈怎么判定你的记录都是真的？"我故作惊诧地问。

"我的同桌阿宝做证人啊，她是中队长，妈妈相信她。"晓腾说。

为了证实晓腾的话，我主动找到了晓腾的妈妈。晓腾的妈妈有些不好意思地说："是的，饶老师，上次开家长座谈会，我知道晓腾不爱举手发言，为了帮他改正这个缺点，我就想出了这个方法。最近，他上课是不是认真多了，发言也多了？"

"是的，但我觉得这个办法只能收到短期的效果，或许我们可以想出更好的方法。"我表明了我的态度。晓腾妈妈笑着说："没关系，能管多久算多久吧，反正为了孩子好，能用钱解决的问题都不是问题。"

好景不长，有一天，阿宝的家长找到我，说阿宝身上多了许多来历不明的零用钱。我一调查，才知是晓腾为了多"挣钱"串通同桌阿宝做假记录。比如，晓腾记录一天回答了五十个问题，他从妈妈那里得到五十元，就会分给阿宝十元。

这件事被揭穿以后，晓腾妈妈的"妙招"自然也不敢再用了。晓腾又被打回了原形，甚至比以前更加萎靡不振。他不仅上课不再回答问题，成绩也疾速下降，和他妈妈的关系更是降到冰点，妈妈要求他做什么，他都要求拿"钱"来做条件。

有些家长认为"现在社会风气变了，孩子也变得现实了，贴小红花表示鼓励，根本没啥效果。有时候一些物质上的奖励是激励孩子取得进步的必要手段"。因此就出现不停地给孩子物质奖励的家长，奖励范围涵盖学习到生活的所有事项，让孩子觉得自己努力的"唯一"成果就是得到物质奖励，如果有朝一日，奖励没有了，孩子自然也就没有努力的动力了。

家长和老师在教育孩子的过程中，难免会使用一些奖励的手段，有些是物质的，比如奖品、奖金等；有些是精神的，比如赞扬、鼓励等。但任何奖励都不是目的，只是手段，是催化剂，为了促进孩子积极地完成某项事情而已。在我看来，与时俱进的家长，应该采取物质奖励与精神奖励相结合的方式来激励孩子进步。

萧萧的爸爸在这方面就做得很好。

萧萧是个懂事的男孩子，学习习惯良好，成绩也不错，可就是上课不爱主动举手发言。萧萧爸爸在和儿子沟通中发现，儿子不爱发言的原因是他觉得老师上课讲的东西都很无聊，他什么都懂。萧萧爸爸问儿子："那你觉得什么不无聊呢？"萧萧说："兵器。"原来，萧萧从小特别喜欢看军事方面的书，对战争、兵器等很感兴趣。于是，萧萧爸爸就和萧萧约定："如果你每天上课主动发言三次，坚持一个星期，爸爸就送你一本兵器图书。"萧萧点头答应了。

不仅如此，萧萧爸爸也主动和萧萧的老师取得了联系，告诉老师自己和儿子之间的协议，请老师协助观察。老师了解到萧萧独特的爱好后，在班里组织了一次班队活动，主题就是"和平时代的新型兵器"，并让萧萧担任整个活动的策划和小主持人。班队活动很成功，萧萧也成了其他同学心中的偶像，被大家称为"萧将军"。

成了同学崇拜的对象，萧萧每天在课堂上的发言绝不仅仅只有三次了。只要他知道的问题，他都踊跃地举手回答。渐渐地，他也体会到了课堂发言的乐趣。

萧萧的爸爸也履行着自己的诺言，每个星期送萧萧一本有关兵器的书。节假日，萧萧的爸爸还带着萧萧去参观军事博物馆、历史遗迹等，以孩子的兴趣爱好为突破口，和孩子找到共同的话题。爸爸还谦虚地拜儿子为师，向儿子学习一些历史和军事方面的知识。正是爸爸的理解、称赞和奖励，让萧萧变得更加自信，让他知道为了理想必须从小付出努力。后来，上课发言对萧萧来说，就是平常事了。

心理研究显示，精神奖励作用的持久性远比物质奖励好，家长应该根据孩子的年龄特点，调整好精神奖励与物质奖励的比例，并且要用得适当，用得合理。有时，家长或者老师要故意延长奖励的时间，增加孩子被奖励的难度，如果孩子总是能轻易得到想要的东西，那么奖励对孩子就失去了吸引力，奖励的作用也就微乎其微了。

每个孩子都有独特的个性，天生外向且喜欢表现自己、老师一提问就迫不及待举手回答的孩子，在每个班里绝对不超过三分之一。

孩子上课不爱举手发言，各有各的原因。家长和老师应该首先找到原因，对症下药，一起想办法，巧配合，让孩子在课堂上变得更加积极。如果家长和老师都努力了，孩子依然不爱发言，家长也不必太过焦虑。孩子上课不爱主动回答问题，并不代表他长大了就是一个不会和人交流的人；同样，从小总是发言积极、擅长表现的孩子，长大了不一定就是个很懂社交的人。

常常有成年后的学生来看我，我发现其中有些孩子的性格和年少时反差极大。这是因为孩子在成长过程中，会受到家庭环境、社会环境等方面的影响，有些孩子的性格也会随年龄、环境等的变化而变化。如何让内向、胆小、不爱发言的孩子在童年时期健康快乐地成长，才是家长最应该关心的事。

2 孩子上课爱讲话，教育不必太正经

很多时候，面对这些性格各异的小家伙，教育他们时不必一本正经，更不必气急败坏或大呼小叫。我们只要用爱，再加上一点幽默感和小创意，就能让孩子改掉某些坏习惯。

说到孩子，家长总是有操不完的心，上课沉默寡言的孩子让家长担心，上课总爱讲话的孩子也让家长忧虑。

"老师总说你上课爱讲废话，你就不能管住你自己的嘴巴啊？"

当家长一本正经地戳着孩子的额头责备时，老实的孩子会眨巴着眼睛望着你，一副可怜兮兮的样子；狡猾的孩子也许会习惯性地辩解："不是我，是某某某硬要找我讲话啦！"

上课爱讲话的孩子多数属于性格外向、开朗的类型，他们往往精力充沛，只要能在课堂上抓到一点机会，就会"不甘寂寞"地找人说说话。

做老师的，多数不太喜欢上课有学生随便插嘴、讲话的现象，因为每节课老师都要完成一定的教学任务，如果孩子插话、讲悄悄话，很可能影响老师的教学进度，所以老师面对此类情况肯定会严加干涉。

我刚做老师的时候，也特别喜欢安安静静的课堂，台下几十双眼睛专心致志地盯着我，让我觉得自己的职业很神圣，恨不得把所有知道的知识都掏出来教给学生。如果有孩子讲悄悄话，我也会立马摆出教师的威严，沉下脸，瞪一眼说话的孩子。如果孩子再讲话，我很可能就会毫不留情地指着他，说："站起来。"班里也会立即安静，没人再敢吱声，毕竟对小孩子来说，站起来听课是很没面子的事情。

在安静的课堂上，我确实每节课都能按时完成教学任务。但是我发现，班里的孩子和我并不亲近，有些孩子在路上看到我也故意绕开。这让当时年轻的我，有一种强烈的挫败感。并且，孩子上课虽然不敢讲话了，但是搞小动作的越来越多，举手发言的更是寥寥无几，甚至还有孩子上课睡觉流口水。很长一段时间，我觉得自己在讲台上是演独角戏，非常没劲，班里的整体成绩也并不理想。

有一天上课，我正讲到兴头上，突然看见班里一位男生嘉瑞在和同桌说笑，嘉瑞捂着嘴巴笑得抖动着肩膀，全然没有注意我正盯着他。班里立刻安静下来，气氛骤然紧张，其他孩子的目光同时投向嘉瑞，等着他被我批评。那天，可能是我的心情不错，我一改常态，不但没有沉下脸来斥责嘉瑞，反倒笑着说："嘉瑞，什么事那么好笑？看你开心成那样，一定是很好笑的事情吧？说出来和我们分享一下吧！"

听见我这么一说，所有的孩子都笑了，嘉瑞红着脸看着我，不好意思地挠挠头。我没有继续追问，而是说："好，既然嘉瑞不想说，那就下课再和大家分享你的开心事吧，我们继续上课。"

说来奇怪，接下来的课堂大家反应却积极了，举手发言的孩子明显增多，嘉瑞也听得很认真。

这件事给我的启示很大，孩子喜欢的并不是一板一眼的老师，太严肃的老师会和学生产生隔阂，使得学生不敢靠近老师，除了躲避老师就是在老师面前保持沉默，这不利于教学活动的顺利开展。

后来，我参加了骨干教师的培训，了解到一名优秀教师身上应该具备的主要特征依次为：富有幽默感、责任心强、尊重和关爱学生、和蔼开朗、专业技能强、外表端庄大方等。

幽默感出乎我意料地被排在了第一位。

我开始尝试着改变，让自己懂得幽默。很快我发现这种改变在教育中产生了越来越好的效果。

比如孩子上课讲话，我不会见到就责备，我会首先了解他讲话的内容，如果是和课堂有关的，鼓励他大声讲出来和大家讨论。如果是和课堂无关的，面对低年级的孩子，我会做出倾听的动作说类似的话："听听，教室里哪里有蜜蜂嗡嗡嗡的声音？大家找一找吧！"这时，讲话的孩子会心知肚明地安静下来，这样也不会伤到孩子的自尊心；面对高年级的孩子，我有时会说："接下来是中场休息时间，插播一则笑话……"此时，老师可以讲一个笑话，也可以鼓励班里的同学讲一个笑话，活跃课堂气氛，然后继续上课。老师还可以马上停止讲课，对大家说："现在进行三分钟木头人比赛，不准说话不准动，看谁最先犯规。"这样的调剂活动，看似耽搁了几分钟，却能有效地活跃课堂气氛，使课堂充满生机和活力，得到的教学效果比死气沉沉的四十分钟教学要好很多。更重要的是，这些活动拉近了师生之间的距离，让孩子更喜欢老师，喜欢老师上的课，同时孩子对老师的恐惧感也会消除，感受到老师是那样地可亲可爱。在这种情况下，只要老师的课堂有特色、有亮点，能吸引学生的注意，孩子自然就不会再随便讲话了。

对家长来说，同样如此。对自家小孩上课爱讲话这件事情不要过分焦虑。要知道，孩子上课爱讲话是很正常的，很多成人在开会听课时都很难做到完全安静，为什么要对孩子这么苛刻？如果你的孩子上课从来不讲话，总是坐得端端正正地听课，说不定你又要有新的焦虑了。

我有一个同事曾老师教我们班的美术课，我们班的孩子素来活跃，课堂上爱讲话的也不在少数。曾老师多次向我提过："饶老师，你们班的孩子确实聪明，就是上课太活跃了，我每上完一节课，都比在其他班上两节课还累。我最喜欢你们班的乐乐和西西，坐在第一排的那两个孩子，上课从来不讲话，老师让做什么就做什么，听话得不得了！"

我和曾老师关系不错，于是，我笑着反问她："那如果乐乐和西西是你的孩子呢？"

她扑哧一笑，转而说："那我可不愿意。哎，自己的孩子我倒是希望能活跃点！"

所以有时候，站在老师和家长的不同角度看问题，您会有不一样的发现。当老师向家长提出"你的孩子上课爱讲话"时，家长回家不要不分青红皂白地训斥孩子一通，应该首先询问孩子上课讲话的内容，若是与课堂有关，建议孩子举手和老师讨论；若是与课堂无关，则可告诉孩子："上课认真听讲是尊重老师的表现，假如你是老师，你站在讲台上讲课，你的学生都在下面乱哄哄地讲话，你会怎么想？"多鼓励孩子换位思考。必要时，家长和老师还可以共同协商，在班里开展"今天，我是老师"的活动，让孩子真正体会到做老师的辛苦。

幽默对老师适用，对家长来说，同样适用。一位作家说："当我们需要把别人的态度从否定改变到肯定时，幽默感具有说服效果，它几乎是一种有效的处方。"幽默可以让人有开阔的心态和思维，让自己和对方的关系不会剑拔弩张。因此，当你责骂孩子时，不妨想想孩子的这些问题，自己小时候是不是也有呢？没准你会发自内心地笑出来。

我有一个学生，叫阿杰，他就是班里典型的"说话大王"，只要一上课，他的话匣子就打开了，周围的几个同学都被他扰得不得安宁。有些家长也直接找到阿杰的妈妈"投诉"，请她管教好自己的孩子。

有一天早晨，我看见阿杰戴着一个很可爱的卡通口罩走进教室，我关心地问他："怎么啦？是哪里不舒服吗？"

他对我摇摇头，摘下口罩认真地说："这是妈妈让我戴的禁言口罩，她说只有上课举手发言的时候才能摘下来，否则，就是犯规。她还让您监督我呢！我犯规了回家要受惩罚，呜呜……"

阿杰假哭着，实则开心得不得了。

"什么惩罚啊？"我问。

"罚我周末不能玩游戏呗，我可不干，只好'禁言'了！"说完，阿杰一本正经地戴上了口罩。

阿杰妈妈这一招还真管用，很长一段时间，阿杰上课都没有乱说话了，而且，有几个爱讲话的孩子，还纷纷效仿阿杰，戴上可爱的口罩来上学。可能，他们觉得这样很酷吧！总之，小孩子的心理，不是大人都能读懂的！

对家长来说，你的孩子上课爱讲话，首先恭喜你，你有一个聪明活泼的孩子，你大可不必焦虑。接下来你要了解的是，孩子上课讲话的内容是什么，若是与课堂有关，建议他举手和老师讨论；若是和课堂无关，引导他和老师"换位思考"，教他懂得尊重老师。

根据这些年和孩子们打交道的经验，我渐渐悟出，很多时候，面对这些性格各异的小家伙，教育他们时不必一本正经，更不必气急败坏或大呼小叫。我们只要用爱，再加上一点幽默感和小创意，就能让孩子改掉某些坏习惯。

3 孩子在校受伤，首先请找班主任

当孩子在学校出了安全事故，通过班主任出面协调，是最明智的办法，也会得到最佳的处理结果。

　　上体育课时，老师让学生做游戏，小白在游戏中不小心扭伤了脚踝。虽然小白在学校买了意外伤害险，但是家长也承担了一部分医药费。有朋友告诉小白妈妈，孩子是在学校摔伤的，学校也应当承担责任。也有朋友说，学校和老师没有责任，因为小白是自己扭伤的。小白的妈妈不知道学校究竟有没有责任。

　　如果你问一位校长，学校管理中最重要的是什么，答案一定是

"学生安全"。学校领导最怕的是学生出安全事故，老师最怕的也是这一点。但是我们都知道，学生是"活机器"，尤其是小学生，精力充沛，在学校里磕磕碰碰是经常的，没有哪一所学校能保证学生完全不出安全事故。当学生在学校里出了安全事故，多数家长往往也不知如何处理，如果是轻伤，就自己处理了；如果孩子受到较严重的伤害，也不知道该怎么追究责任。

其实，只要孩子在学校里出了安全事故，学校未尽到教育、管理职责的，都应当承担责任，至于应承担多少，要视情况而定。

小白若是在体育课上扭伤了脚，学校一定有责任。老师若是在游戏之前告知了安全注意事项，并且进行了监管，学校的责任会比较小，如果未告知也未做到监管，责任就比较大。

当安全事故发生，学校和老师都尽到了自己的职责，并已经积极出面协调解决时，家长应该以理解宽容之心对待，尽量与学校厘清责任，达成共识，让事情有个圆满的结果。如果家长态度过于强硬，要求过分，最终要闹上法庭，也不见得是件好事。

刘先生的儿子亮亮在下楼梯时，被后面的同学小林挤了一下，脚下一滑，不慎滚下楼梯。刘先生自己学过法律，他第一时间赶到学校，拿起照相机在儿子摔伤的位置从各个角度啪啪啪拍了无数张照片。

亮亮被带到医院，确诊为小臂骨折，打上了石膏，完全康复的话需要两个月的时间。

刘先生和小林同学的家长齐聚在校长办公室里协调此事。小林的家长首先向刘先生道歉，虽然小林不是故意要把亮亮挤下楼梯的，但事故已经发生，他们愿意承担相应的责任。校长协调说："经过调查，当时亮亮和小林一前一后下楼梯，亮亮突然停住，小林来不及'刹车'，才将亮亮挤下了楼梯，所以双方都有一定的责任，各承担百分之五十的医药费，如何？"

小林的家长点头表示同意，但刘先生认为不合理。他说自己不应该承担责任，亮亮突然停住脚步是因为楼梯上有一摊水，亮亮当时想跨过这摊水，楼梯上有水是学校未处理的安全隐患。刘先生随即甩出一沓照片为证。他认为责任应该由小林的家长和学校全部承担。但校长不同意了，他说学校在楼梯的转角都有明显的安全指示牌："上下楼梯切勿拥挤，注意安全。"从学校的角度，学校是进行了安全告知的，至于那摊水，完全是偶然的，况且那么多同学经过那里都未出事，亮亮出事也纯属意外。

双方第一次协商没有达成共识，校长只好找到亮亮的班主任，希望她能做做刘先生的工作。小林的家长也主动提出愿意多承担一些责任，但刘先生毫不妥协，除了医药费，还算了一大笔精神损失费、学业耽误费、营养费，甚至还有照顾亮亮的误工费，要求小林的家长和学校共同承担。他还扬言自己懂法律，如果告上法庭，赔偿费绝不止这些。这下彻底惹恼了小林的家长和校长，大家都不想再继续协商，就等刘先生告上法庭。

刘先生骑虎难下，便一纸诉状将学校和小林的家长告上了法庭。

官司拖了半年才开庭，亮亮的手早已经好了，孩子又开始活蹦乱跳了。但是这半年，刘先生为了官司的事心力交瘁，并且还受到周围许多人的非议，连刘先生的爱人也觉得他做得太过分，把小事闹大了。

最后，这场官司还是以庭外和解告终，和解的结果和半年前校长的调节大同小异。而刘先生耗费的精力和财力只有他自己才能明白。

这位校长是我的一位同学，专门分管他们学校的安全教育，他开玩笑地对我说："经常处理这类事情，我都可以当半个法官了。"

再看前面的案例，小白的妈妈从没想过要去告学校，小白家不富裕，平时用钱也很节省，这次孩子扭伤脚花了不少医药费，如果学校有责任，小白妈妈希望学校能负担一些，于是她找到小白的班主任反映这一情况。小白妈妈温和地对老师说："我们并非怪罪老师，孩子扭伤脚也是自己不小心。但是事情发生了，我们家经济状况不太好，如果能得到学校的帮助，我们万分感谢。"班主任见小白妈妈这么通情达理很是感动，表示一定尽力帮忙。经过班主任的努力协调，最后，学校承担了小白全部的医药费。如果小白妈妈不说，老师和学校都不会重视这件事，有些学校甚至会睁一只眼闭一只眼，大事化小，小事化了。如果小白的妈妈找学校领导大吵大闹，不仅会给班主任的工作带来困扰，而且最后即便学校同意赔偿，结果也不一定理想。

我那个校长同学告诉我，他多年负责学校的安全教育，也摸透了很多家长的心理。有时候，孩子在学校出的安全事故明明和老师的监管或学校的管理有关系，但家长们碍于孩子还要在学校念书，不敢张扬，只要伤害不大，也就默默承受了。有些家长根本就不明白哪些情况下学校有责任，哪些情况下学校无责任。

一般来说，孩子在课堂上发生安全事故，老师有重大责任。课间发生安全事故，如果是与学校的设施有关，学校也应承担责任；与学校设施无关，学校又进行了安全告知，通常这种情况下学校的责任较轻或者无责任。当然，不管学校有无责任，孩子在发生了安全事故后，老师都有义务及时通知家长，并且配合家长在第一时间诊治孩子。如果因为老师拖延了诊治的时间，加重了孩子受到的伤害，那么学校和老师也应承担责任。

不管是家长还是老师，谁都不希望孩子在学校出事故，与其亡羊补牢，不如未雨绸缪。

在学校里，老师一定会对学生进行常规的安全教育；在家里，家长也要随时提醒孩子规避校园危险。你可以这样告诉孩子：上下楼梯不要拥挤，以免发生挤伤或踩踏事故；在楼道的转角处要转大弯，以免和同学发生碰撞；听到上课铃响，不要冲进教室；不要

站在教室门边玩耍，以免被门夹到手指；不要和同学做危险游戏，自己受伤或对方受伤都要承受苦果；不要用桌椅板凳或利器伤害同学，这样后果会很严重……

我曾在新闻里看到这样一个案例：两个小学五年级的男生在做作业的时候打闹，用钢笔互相攻击对方。玩耍中，男孩 A 失手将笔尖戳向了男孩 B 的眼睛，因为用力太猛，男孩 B 的眼球被戳破，被送到医院时已无法医治，男孩 B 从此一只眼睛就失明了。法院判定男孩 A 的家庭要赔偿男孩 B 几十万的费用。男孩 A 的家庭本来就很贫穷，突然背负巨债，男孩 A 也只得就此退学，外出打工挣钱来弥补自己的过失。而男孩 B 这么小就失去了一只眼睛，以后的生活也蒙上了一层阴影，两个家庭都陷入无限的痛苦之中。

只要看到这样的事情，我都会第一时间讲给我的孩子和学生们听，他们在听故事的过程中，自然就会明白哪些事情可以做，哪些事情不能做。

有些家长担心自己的孩子被别的小孩欺负，往往会教孩子："别人打你，你就要还击。"我们可以理解家长的心情，但是一定要提醒孩子："不能伤害对方身体的重要部位，例如五官、生殖部位等。"

如果你经常给孩子讲一些案例或者预防危险的方法，孩子或多或少都会记住，这样就会避免很多校园危险情况的发生，也能省去家长和老师们很多麻烦。

饶老师温馨提示

　　孩子平安快乐是家长最大的心愿。如果孩子在学校意外发生了安全事故，家长切忌太过冲动，一定要第一时间找班主任。向老师反映情况的时候，家长要多些宽容，少些指责。你越表现得大度宽容，班主任协调此事越会尽心尽力。毕竟事情已经发生，处理比埋怨更重要。

　　最好不要直接去找学校领导，这样做是对班主任工作的极度不信任，会得罪班主任。而学校领导在听闻这样的安全事故后，他们做的第一件事也是去找学生的班主任询问，如果这时班主任还不知道这件事情，就会变得很被动。

　　通过班主任去协调解决安全事故，是最明智的办法，也会得到最佳的处理结果。

4 别着急请老师 帮孩子换座位

有时候，孩子不能和同桌好好相处，别急着找老师帮孩子换座位。你要做的是引导孩子怎样与不同性格的人相处。

如果要把老师最烦心的事排个序，那么"家长要求给孩子换座位"一定位于前三名。有的家长总担心自己的孩子在学校受委屈、被欺负，只要一听到孩子回家说同桌不好，首先想到的就是找老师给孩子换座位。

刘女士的女儿苗苗很乖巧，老师很喜欢她。可苗苗的同桌却是班里最调皮的男生，经常欺负同学，上课爱捣蛋，有时扯苗苗的头发，有时硬要找苗苗说话。每次苗苗回家跟妈妈讲起同桌欺负她的事情，刘女士都是一肚子火，她不明白老师为什么把这么"坏"的学生放在女儿身边。于是，刘女士到学校向老师提出给女儿换座位，老师给苗苗换了个乖巧听话的同桌西西。

苗苗和西西同桌了一段时间，回家后又开始有了抱怨，她说西西总是不带学习用具，总爱借她的，还说西西爱流鼻涕，让人看着恶心。

看见女儿不开心，刘女士又厚着脸皮找到苗苗的班主任老师，希望她能再给苗苗换个讲卫生又爱学习的同桌。

班主任便让全班最优秀的班长小伊坐在苗苗的旁边。这回，刘女士想：苗苗总算开心了吧！

但刘女士错了，苗苗才和班长小伊同桌不到两天，就跟她又哭又闹，说小伊总是命令她做事，还骂她是笨蛋！

刘女士再一次请求老师给女儿换座位，老师明显有些不高兴了，但拗不过刘女士，只好又答应了她的要求。

家长要求老师给孩子换座位，多半是怕孩子被同桌影响、被同桌欺负，或者希望给孩子找个优秀的同桌，促进孩子进步。但是，家长不要忽略了，孩子在学校里，除了学习文化知识外，身心各方面的健康成长都很重要。在儿童心理发展过程中，这个阶段的孩子很容易出现"以自我为中心"的特点，他们觉得所有人都应该围着自己转，如果这时家长再一味地纵容娇惯，孩子就会变成离群的孤雁，融不进团体，最终自己也不会快乐。

苗苗过生日的时候，刘女士想给女儿办个隆重的生日会，邀请班里的好朋友来参加。可是苗苗哭着对妈妈说："我没有好朋友，都怪你，都怪你……"

"你这孩子，自己交不到朋友还怪到妈妈头上了，真不像话！"刘女士责骂女儿。

"如果不是你让老师给我换座位，大家就不会叫我'小气鬼''挑剔鬼'！现在我在班里连一个好朋友也没有！"苗苗大声哭诉。

刘女士彻底傻眼了。

学校是个小社会。孩子在成长的过程中会遇到形形色色的人，做家长的，不能跟随孩子一辈子，并且替她过滤掉周围那些不好相处的人，孩子的未来需要自己去适应，当发现孩子在人际交往方面出了问题，智慧的父母应该引导孩子尊重他人、理解他人、体会他人的感受，并且懂得欣赏他人，这样孩子才能与他人友好地相处。

有些父母认为，孩子还小，等孩子大以后，人际交往能力自然会提高，所以对孩子能帮就帮。其实这是一个认识误区，如果孩子不能在相对更具保护性的幼儿园和小学学会人际交往，进入更加开放的人际环境后，孩子更会无所适从，不懂得如何与他人相处，也交不到好朋友。

每个孩子的个性都不同，会交往的孩子往往能与不同个性的人和谐相处，这种能力不是与生俱来的，它离不开家长的正确引导和自我的逐步磨炼。

我曾遇到过一个"极品"学生名叫飞飞，班里的每个同学都挨过他的拳头。不管别人有没有惹他，只要他看对方不顺眼，一个拳头就抡过去了。小学一年级时，飞飞就把好几个同学打进了医院。这样一个调皮蛋真是令我头疼，每天都有同学告他的状，每天都有家长找我要求换座位，谁也不愿意自己的孩子和他同桌。班里几乎所有的孩子都把飞飞当敌人，飞飞也仇视所有的同学。有老师给我建议："你就让他一个人坐特殊座位吧！"所谓的特殊座位，就是单人单座，一般在"特一排"，或者最后一排。

但是，我不太愿意让孩子坐特殊座位，尤其这样的孩子，你越是孤立他，他对人越敌对，越难融入集体。

女孩佳佳成了飞飞的第 N 个同桌。我提心吊胆，以为过不了几天，佳佳的父母一定会打电话让我给孩子换座位。

但一个月过去了，佳佳的父母并没有跟我提出这个要求，再观察佳佳和飞飞，两人相处得极好。我还有些纳闷儿，于是悄悄地对佳佳说："如果飞飞欺负你，你要告诉老师哟！"佳佳笑着说："老师，飞飞没有欺负我，还教我折纸呢！他的手很巧，会折很多漂亮的东西！"

就这样，一学期过去了，飞飞和佳佳都没有闹矛盾。飞飞的父母很感谢我，说我为飞飞找了个好同桌，还说佳佳总是在学习上帮助飞飞，使飞飞的成绩有了提高。飞飞回家也经常对爸爸妈妈说佳佳好，还说要像佳佳一样成为老师喜欢的孩子！

后来，我在和佳佳父母交流的时候才明白，从幼儿园开始，佳佳在遇到同学欺负时，佳佳的父母都鼓励她："宝贝，遇到困难应该自己想办法解决，你如果能不依靠父母解决这个问题，那我们会为你骄傲。如果实在无法解决，再让爸爸妈妈帮忙吧！"正因为父母的引导，佳佳在幼儿园已经学会了和每个同学相处的最佳方式。在和飞飞做同桌的时候，佳佳从来没把飞飞当成过敌人，而是对飞飞说："我最会画画，你最会什么？"飞飞骄傲地说："我最会折纸。""那你教我折飞机，好吗？"飞飞看到佳佳把他当老师，自然十分来劲。飞飞教佳佳折纸，佳佳教飞飞画画，两人还在一起做游戏、看课外书。有时佳佳还会送飞飞一些小礼物。两个孩子就这样开始了友好的相处。

期末的时候，飞飞和佳佳在同学们的掌声中被评为"最佳同桌"，我当时就泪湿了眼眶。我为飞飞开心，更为佳佳骄傲！

孩子被同学欺负，回家告诉家长后，家长最好不要找去学校，即使是你的孩子受了委屈。如果家长亲自去学校帮孩子"解决"问题，会使孩子变得对家长有依赖感，不要让孩子认为只有依靠别人、依靠"权威"才能解决问题。

曾老师的女儿阿紫在小学一年级的时候，被同桌男生欺负，阿紫很委屈，找到妈妈诉苦。曾老师是该校的老师，一听就火大，立即跑到阿紫的班里教训了那个男生一顿，并且还要求班主任给阿紫换个同桌。班主任是曾老师的同事，二话没说就答应了曾老师的要求。从此，阿紫在班里但凡遇到困难，都会依赖妈妈出面解决。同学们都知道阿紫有强大的靠山，都不敢欺负阿紫。但阿紫在享受优越感的同时，也渐渐被同学们孤立了，大家都把她当作异类，不愿意跟她玩，生怕得罪她，阿紫的性格也变得越来越孤僻。进入中学后，没有了妈妈这个强大的靠山，阿紫连仅有的优越感也失去了，她完全不知道如何和别人相处，在班里根本交不到朋友。

当然，如果你的孩子和同桌总是闹矛盾，甚至影响到了孩子的学习或心理成长，你的孩子又特别胆小内向，什么都不敢说，总是忍气吞声，或者你的孩子真的是近视眼或有其他特殊问题，那么你一定要代孩子向老师如实反映情况。在反映情况的时候，着重强调孩子的问题，无须直接提出换座位。有经验的老师经过观察，如果发现你所说的问题确实存在，一定会主动给孩子换座位的！

当孩子回家向家长哭诉和同桌之间的矛盾时，家长要耐心地聆听孩子的感受及想法，并引导他如何与同桌相处，鼓励他从不同的角度思考问题，帮他找到与同桌相处的办法。

假如孩子提到不恰当的做法，比如有报复性或攻击性的行动，家长需要多花心思与孩子交流，并让孩子知道这种方式带来的后果，引导孩子往积极阳光的一面发展。

如果孩子还是执意要求换座位，家长可以告诉孩子："这是你自己的问题，我不会帮你跟老师说，你自己去向老师说明情况吧！"如果孩子没有依靠你的力量，而是通过自己的努力让老师给他换了座位，这也培养了他解决问题的能力。

5 孩子被"冤枉"，
家长巧应对

人生之路不会是一帆风顺的，总
会有磕磕绊绊，也难免会遇到委
屈或伤害，但恰恰是这些小小的
磨炼让孩子渐渐成长、茁壮。

　　孩子一旦进入学校，离开了家庭这个安全的避风港，总是会遭遇各种各样意想不到的问题。对父母来说，最怕的就是孩子在学校受欺负、受委屈，特别是来自老师的"冤枉"或"不公平对待"，让很多家长都感到愤怒难平却又束手无策。找老师理论吧，怕不小心得罪老师；不管不顾吧，又怕孩子心里留下阴影。

　　一天，吴女士去接女儿的时候，发现女儿被老师留在办公室

了，原因是她没有完成昨天的背诵，要在办公室被罚抄写课文三遍。回家路上，吴女士看女儿很不开心，便说："老师罚你也是对你负责，以后你要按时完成学习任务。"没想到女儿不但没有自责，反而愤愤不平地对她说："老师太不公平了！林俏俏也没完成背诵，为什么不罚她？""你怎么知道她没完成？"吴女士问。女儿噘着嘴巴说："老师检查背诵的时候，我明明看到她没有背完课文，老师却让她坐下，让她回家再好好背背。我比林俏俏背得还多，只有一小段背不下来，老师却要罚我。老师太偏心了，我知道林俏俏是林校长的女儿，校长的女儿就可以特殊对待吗？老师太不公平了！"

吴女士一时不知该如何回应女儿。做大人的其实都明白，这世界上有很多事情都没有绝对公平，但是面对孩子的控诉，她不知道该如何解释。

在遭遇不公平的时候，理智的成年人心里都会郁闷、想不开，更何况是孩子呢？

当孩子遭遇不公平的待遇并告诉父母的时候，父母首先要接纳孩子的情感，对孩子说："如果事实真的是这样，确实让人委屈和气愤。"但同时要告诉孩子："老师不是神，难免有偏心和不公平的时候，每一个人都会遇到这种事情，不妨让自己心胸豁达一点，许多事情，看大则大，看小则小，不如一笑而过，乐观面对。"

有时，针对不同的事情，家长也不能听孩子的一面之词，要多方面了解事情的真相，有些孩子在犯错误之后，喜欢找外因来逃避，不会说自己不对。

我曾经有个学生叫小远，有一次，小远为了报复另一个学生小齐，把小齐的书包扔进了学校的喷水池里，结果小齐的书本全被浸湿了。我知道后，立即严厉地批评了小远，说："不管你和小齐之间有什么矛盾，你故意破坏他的东西都是不对的。什么事情都可以理智地去解决，不应该如此冲动。"没想到小远没有半点愧疚，还振振有词道："小齐上次也故意把我的文具盒扔地上，你为什么不批评他？"

后来，小远的爸爸也到学校找我了解情况，说小远回家责怪老师不公平。我向小远爸爸解释了此事："上一次，小齐在课堂上确实把小远的文具盒掀到了地上，但因为当时在上课，我不便打断课程进度来了解事情的经过，但课后我立即教育了小齐。"小远爸爸听完我的解释，很真诚地说："老师，谢谢您批评小远，我们做家长的也不希望孩子借别人的错误来掩盖自己的错误。今后如果孩子还有这方面的问题，我们也一定配合教育。"

孩子平时在家里受到宠爱，习惯了以自我为中心，有时不能忍受外面的一点点冷遇或挫折，这是正常的。家长应该教导孩子，不要过多注意自己遭受的"待遇"，多些宽容和理解，少些怨天尤人，性格坚强一点、乐观一点，努力做好自己。做好了自己，其他一切事情都可以迎刃而解。

针对吴女士提到的这件事，我建议她可以这样告诉女儿："林俏俏逃脱了惩罚也许是'幸运'，但从另一方面来说也是'不幸'，因为学习不是为了应付老师，而是为了真正获取知识，完善并丰富自己。老师指出你的问题让你改正，总好过将你的问题隐藏起来，最后问题越变越大，倒霉的还是你自己。"

家长要努力让孩子明白，很多时候"不公平"只是一种自我的感受，一件事情的结果对你有利，你可能就会觉得很公平，对你不利，你便觉得不公平。我们要正确地看待那些所谓的"不公平"，因为它们不是不可逾越的高山，相反是我们人生道路上的契机。人必须学会在不公平中求生存，正是这些"不公平"，让我们有机会看到自身的问题，改正自己的缺点，轻松上路。

秦先生也遇到过类似的事情。有一天，儿子回家时情绪很低落，伸手跟秦先生要钱，说班主任让他赔打碎的玻璃。"你怎么这么调皮，把玻璃打碎啦？"秦先生刚一出口，儿子哇地大哭道："不是我弄碎的。当时我离那儿最近，老师看见了就说是我打碎的。后来同学告诉我是小林弄的，可他是班长，没人敢跟老师说。"看着儿子一脸的委屈，秦先生想也许是老师冤枉了儿子。于是，他和儿子的妈妈商量该怎么处理这件事情。妈妈说："本来我家儿子就很调皮，经常在班里闯祸，如果为了这件事情去和老师理论不值得，一块玻璃也值不了多少钱，赔了就是了。"但是，秦先生觉得这样做不妥，倒不是说赔钱的问题，而是怕这件事情给孩子心灵上留下烙印。秦先生想去学校和老师沟通一下，希望老师再调查一下事实的真相，但不知怎么对老师说。

老师不是圣人，只是普通人，在教育孩子的过程中，难免会出现错误。老师会错怪孩子一般有几种原因：有的老师对问题没有调查清楚，草率定论；有的老师对某些学生持有偏见，导致主观性错误；还有时是因为老师心情不佳，情绪波动过大，处理问题欠思考。

当家长发现老师有可能冤枉孩子时，切记不能陷入两种极端的处理方式。一种是怕得罪老师，卑微隐忍，这样会给孩子带来很大的伤害。孩子会变得不再相信父母或者记恨老师，更严重的，会扭曲孩子的心灵。另一种是因为太爱孩子，控制不住情绪，当着孩子的面打电话质问老师，为何这样冤枉孩子。这种态度也会引起老师的不满，让双方的沟通陷入尴尬。最后，同样会伤到孩子。

那么，当老师真的冤枉了孩子，家长该怎么做呢？下面这个故事中，小童爸爸的做法值得秦先生及家长朋友们参考。

小童是个男孩子，平时比较好动，学习成绩也不太好，是老师眼里的问题学生，因此小童爸爸经常被老师叫到学校。

有一次，小童爸爸又被老师叫到学校。老师反映说："你儿子上课打闹，把同桌的文具盒扔了，我批评了他，他不服气，当场顶撞我，我叫他到办公室，他还死不认错，态度很不好。"小童爸爸赶紧给老师赔不是说："这孩子真不懂事，让您费心了，我回去一定好好教育他。"

回家后，小童爸爸向孩子了解情况，小童委屈地说："今天上课，我的同桌和后边的同学打闹，我本来是劝架，刚好老师进来时，我拽着同桌让他坐好，没想到一用力，碰掉了同桌的文具盒。老师不问原因就批评我，我当场和老师辩解，可老师就是不听。"

小童爸爸说："哦，我相信你，这样说来，你是够委屈的，换了谁都会很生气。心里有委屈就得说出来，说出来就舒服了，赶紧去吃根冰棍儿，降降火吧！"听爸爸这么一说，小童心里憋着的气消了很多，赶紧去拿冰棍儿了！

后来，小童爸爸找小童的同桌了解情况，确实是老师冤枉了小童。小童爸爸对小童说："事情的经过我了解了，确实是老师冤枉了你。但你考虑过这样一个问题没有，为什么老师会冤枉你？""他对我有偏见！"儿子说。"为什么对你有偏见？是不是你平时做的很多事情让老师对你产生了这样的印象？即使是老师有错，你当场顶撞老师，让老师下不来台，如果你是老师会不会生气？老师也是人，也有犯错的时候，不能因为你有理就对老师这样没礼貌。明天我和你一起去向老师说明情况，并向老师道歉。"

第二天，小童爸爸和小童一起去了老师的办公室，小童向老师承认了错误。老师了解到事情的真相后，也在全班向小童承认了错误，说是自己没了解清楚情况就乱下结论，希望小童原谅他。

小童回来对爸爸说："我们老师还行，还能承认错误，我以后也会争取少犯错！"

小童的爸爸很有智慧，他不仅接纳了孩子的情绪，理解了孩子的委屈，而且在维护老师形象的前提下，让孩子反思自身的不足，巧妙地解决了这场冲突。

因此，当孩子回家向家长倾诉被老师冤枉或遭受"不公平"待遇后，家长首先要耐心地倾听。这时，孩子心里十分委屈，希望通过诉说得到家人的支持和理解，诉说的过程也能缓解他们的情绪。家长认真听完孩子的诉说之后，可以首先分析一下孩子的话是否真实可信，但不要先下结论。当孩子倾诉完烦恼，家长要及时给他心理安慰，表达态度和想法，比如说："我知道了，在这个问题上，你的确没做错什么""这件事，我相信你是无辜的""你能告诉我你的委屈，说明你信任我，我很开心"。说完，还可以给孩子一个温暖的拥抱或者给他一点甜品，让孩子委屈的情绪得到缓解。

接下来，家长应该到学校去了解孩子所说的是否属实。如果证实孩子的话是真的，那么家长要亲自找到老师沟通。在交流的时候，家长一定要心平气和，用宽容体谅的心情，用换位思考的思维，向老师叙述整件事情的来龙去脉，千万不要做出过激行为，也要注意表情和语气。必要时，请求老师调查事情的真相。一般来说，老师明白自己的错误后，都会向孩子和家长道歉。这时，家长要表现出豁达的态度，同时也要引导孩子原谅老师、理解老师。这种做法不仅能让老师对孩子的看法得以转变，也有利于增进师生情感，让孩子健康成长。

　　人生之路不会是一帆风顺的，总会有磕磕绊绊，也难免会遇到委屈或伤害，但恰恰是这些小小的磨炼让孩子渐渐成长、茁壮。所以，当孩子遭遇误解、冤枉、不公平之后，告诉孩子：我们不能控制自己的遭遇，但我们可以控制自己的心态；我们改变不了别人，我们却可以改变自己；我们改变不了已经发生的事情，但是我们可以学着云淡风轻，一笑而过……有时，老师的"冤枉"或"不公平"确实让孩子委屈难受了，但从另一个角度来说，也是给孩子上了一堂特殊的心理课。

当孩子在学校遭遇委屈并告诉父母的时候，父母首先要接纳孩子的情绪。孩子受了委屈第一时间告诉父母，是因为父母是他最信任的人。这时候，父母不要埋怨孩子胆小怕事、不敢反抗，等等，应该对孩子说："我理解你的委屈和难过。"但同时要帮助孩子调整心态，告诉他每一个人都会遇到这种事情，不妨让自己心胸豁达一点，乐观面对。

家长应该及时到学校了解真相，引导孩子正确处理类似事件。如果孩子真的受了委屈，家长可以和老师心平气和地沟通，妥善地表达自己的态度。这样做，不仅能让老师更加了解孩子，也能引导孩子正确处理此类事情。

家长可以和孩子交流自己在生活和工作中曾经遇到的委屈。孩子信任父母，也希望得到父母的信任。家长可以和孩子讲讲你在学习、工作中曾经受到的委屈或者遭遇的"不公平对待"，你是怎么面对的。这种亲身经历，比空洞的道理更容易让孩子接受。

孩子被忽视，
做吸引老师的家长

要想让孩子得到老师的重视，除了鼓励孩子大胆表现，你也可以想办法成为被老师重视的家长。

在一个班里，老师对最优秀的学生和最调皮的学生最重视，随时都放在眼皮子底下，而对那些中等生，特别是没有特点的中等生，最容易忽视。

你是否觉得自己的孩子性格内向，不善言谈，容易被老师忽视？其实不是老师故意忽视他，老师面对整个班级几十个学生，如果孩子很平凡，又默默无语，老师很难注意到他的存在。

李老师教的班是全校重点班，班里有六十几名学生，李老师每天工作结束都累得筋疲力尽。有一天上午，她上完了两节课，照例回办公室批改作业。直到中午学生用餐的时候，李老师才发现倩倩不在班里。她赶紧问其他同学，他们说："倩倩一上午都没有来。"李老师慌了，马上打电话给倩倩爸爸。倩倩爸爸听了更着急，因为他明明将倩倩送到学校门口才离开的。李老师万分紧张，作为班主任，她没有第一时间告知家长孩子没来学校，要是孩子出了什么事，她的责任重大。李老师顾不上吃午饭，和倩倩爸爸一起去找倩倩，后来在学校附近的商场里找到了她。原来倩倩在爸爸离开后，并没有进学校，而是跑到了商场里玩，也忘记了吃午饭。更让人惊讶的是，她已经是第三次做这样的事了，只不过前两次都在午饭前回到学校，没有被老师发现而已。

虽然倩倩爸爸没有责怪李老师，但是李老师深感内疚，她反复检讨自己，为什么一个上午都没有注意到倩倩不在？如果没来上课的是班里最爱举手发言的朵朵，或是最爱接话的亮亮，或是最爱和同学传字条的欣欣，老师一定会及时发现。但偏偏是从来不爱发言、不爱讲话、默默坐在角落里的倩倩。从那以后，李老师特别留意倩倩，生怕再发生这样的事情。

没有哪一个老师敢说自己从不偏心、对待所有的学生一视同仁，因为学生的个性差异大，老师偶尔忽略某些学生在所难免，并不是特别想要针对哪一个。要想让孩子得到老师的重视，除了鼓励孩子大胆表现，让老师发现他的特点以外，家长也可以找到一些办法帮助孩子引起老师的重视。

我遇到过一个学生宁宁，她特别不爱说话，看到老师只会躲。我只要一找宁宁谈心，她的脸就会红到脖子根，而且声音小得像蚊子声。

有一段时间，宁宁妈妈总会给我打电话，约我出去聊聊孩子的情况。我都婉言谢绝了，并告诉她有什么事情到办公室谈也是可以的。

后来，每天早晨我都会在校门口遇见宁宁的妈妈，大家互相聊几句。起初，我以为是巧遇，但很快我发现，宁宁的家就在学校旁边，宁宁不需要接送，她妈妈是故意在校门口等我的。但是因为早晨时间紧，我总是匆匆地应付完宁宁妈就赶去教室，有时心里还会有些埋怨，觉得宁宁妈话太多。

有一天放学，我刚出校门，又遇见了宁宁妈。她非常恭敬地对我说："饶老师，我想耽搁你一点时间，和你好好谈谈。"

"有什么事明天去办公室说吧，好吗？"我看看手表，表示赶时间。

"饶老师，我不会耽搁你太多时间，就半个小时，好吗？有些话在学校里说不方便。"宁宁妈很着急的样子。

听她这么一讲，我不好再拒绝，只好和她去了附近的一个小茶楼坐了下来。

宁宁妈告诉我，她三十八岁的时候才生下宁宁，因为得来不易，所以呵护备至。孩子从小就很胆小，不善交往，所以她很担心，希望孩子学会和别人相处。

宁宁妈还说，孩子爸爸一直有病，随时可能撒手人寰，家里经济不宽裕，但是无论如何，她都想给宁宁最好的学习环境和生活条件。

半个小时的时间，宁宁妈几乎把她的家底都掀起来告诉我了。我觉得她不仅把我当成孩子的老师，还把我当成一个值得信任的人，我开始理解她为什么天天在校门口等着我，为什么非要告诉我这些，一切都是为了宁宁。

这次交流以后，我确实特别关注宁宁，上课有意让她回答问题，课后也常和她谈心，还经常在班上表扬她，号召班里的孩子带着宁宁玩。每次看到宁宁妈，她都会恭敬地对我点头微笑表示感谢，这让我没法不去更加关注宁宁。

也许，你没有那么多时间去问候老师；也许，你的家庭很平凡，没有什么苦水向老师倾诉，但是你一定可以找到自己的方式。只要家长有心为孩子，没有什么是做不到的。

再给大家讲一个家长的故事。

小丁也是一个平凡无奇的男生，成绩不好不坏，没什么特长也没什么缺点，如果不是因为他爸爸，我真的很难注意到这个孩子。

有一段时间，我每次批改家庭作业，都能看到小丁的作业后面他爸爸写的一段话，有时是对小丁作业的评语，有时是把小丁在家里的表现告诉我，有时是发现了小丁一些学习上的问题，请求我的帮助。而且每次在最后都不忘客气地加上一句：谢谢老师。

面对如此认真的家长，我又怎能无视孩子的存在？我总是主动找到小丁，了解他，帮助他解决问题，并且还在全班表扬小丁父亲认真负责的态度。小丁逐渐增强了自信心，也比以前更能融入集体了。

虽然，小丁的爸爸很少到学校里来找我，但是他以这种独特的方式让老师注意到小丁，真是用心的家长。

老师的精力有限，不可能对每个学生用力平均。如果你觉得你的孩子需要老师多一些关注，而孩子又不善表现，你可以做的唯有主动，想办法把你对孩子的苦心传递给老师。老师感受到你对孩子的关注，也会因此更加关注你的孩子的。

要想让你的孩子不再被老师忽视，你首先就要做被老师重视的家长。

家长要引起老师的重视，还有些小方法可供借鉴。

1.有一位家长坚持每周五晚上八点钟给我打电话，询问孩子一周以来在学校的情况。所以每到周五晚八点，电话铃一响，我就知道是这位家长。为了有准备地和家长交流孩子的情况，我在平时也会不自觉地注意这个孩子，观察他的表现，因为这样才能做到和家长有效交流。

2.我的同事遇到过这样一位妈妈，每天早晨送孩子来上学的时候，她都会让孩子在我同事的办公桌上放一个洗干净的水果。虽然只是一个小小的水果，但是我的同事很感动，也觉得很幸福，时常念叨这个家长好。

3.还有些家长喜欢在网上和老师互动，加老师微信好友，关注老师的朋友圈、微博等，并经常点赞留言，这样也能加深老师对家长的印象。

只要家长用心，老师就会记住你；记住了你，自然不会忽视你的孩子。

7 孩子被歧视，
家长别自卑

要想让孩子不受歧视，家长自己就不能自卑，这样你的孩子才不会轻易被歧视打倒。

小敏的父母在菜市场卖菜，每天都起早贪黑，根本没有时间给女儿收拾打扮。女儿回家说老师和同学们都不喜欢她，还让她单独坐教室的最后一排，说她身上有臭味。同学们骂她是"土包子"，嫌她家里穷，没有人愿意和她玩。小敏成绩考得不好，老师就当着全班同学的面骂她："家庭素质太差！"看到孩子遭到老师如此歧视，小敏的爸爸很气愤。

戴着"有色眼镜"看人的老师确实有，这些老师在接手新班级时，首先看的就是班级学生情况登记表。这个表上会清楚地写明孩子的姓名、性别、年龄，以及父母的姓名和工作单位。这些老师会很快挑出那些父母单位好、对老师会有帮助的学生名字，比如他们的家长是医生、警察、律师……老师会对这些学生另眼相看，想着说不定有朝一日就会请这些家长帮忙。

而另一些孩子，没有好的家庭背景，自身也不出色，就很容易遭到老师的忽视，甚至是歧视。

从农村到城里上学的孩子，家庭贫困的孩子，长得不漂亮的孩子，成绩很差的孩子，尤其会面临这样的状况。

小洛是个老实巴交的农村孩子，在农村学校念书的时候，成绩是出类拔萃的。为了给小洛更好的教育，三年级的时候，小洛的舅舅把他接进城里一所有名的学校上学。

看着班里衣着鲜亮的同学们，小洛第一次感到了自卑。老师上课让小洛回答问题，小洛一张口，班里同学就哄堂大笑，因为小洛的普通话蹩脚极了。从此，小洛在班里不敢轻易开口。小洛的成绩在班里顶多算中等，特别是英语，他完全听不懂老师在说些什么。同学们下课后聊的事情，他不懂；同学们玩的游戏，他更不懂。班里的同学都觉得小洛又土又呆，不愿意和他玩。

小洛本来是一个开朗的小男孩，现在却变得沉默寡言。舅舅发现小洛越来越不快乐，问他是什么原因。他闷了好半天，突然哇的一声哭了，大声对舅舅说："舅舅，我不愿意在城里念书，我要回村里的学校，我在村里还是班长呢……"

舅舅觉得很心酸，本来带小洛到城里念书是为了小洛好，没想到却让孩子这么不快乐。于是，舅舅只好将小洛送回了农村。

再讲一个故事。

玲子被大家叫作"鬼脸妹"，因为她左半边脸上有一大块黑色的胎记，就好像是一块很脏的锅底灰覆盖在她的脸上，擦不掉也洗不掉。同学们看到玲子就像看到怪物一样，总是躲得远远的。老师们也从不亲近玲子。有一次，玲子还听见怀孕的班主任对其他老师说："我现在上课啊，都不敢看玲子一眼，我真怕生下来的孩子像她那样，我最怕她在我面前晃。"

玲子回家后伤心地抱着爸爸痛哭道："我再也不去上学了，老师和同学们都看不起我！"

玲子的爸爸什么也没说，等玲子哭完后，从书架上取下一本书，递给玲子，说："女儿，给你介绍个朋友，她的名字叫旺达！"

这本书的名字叫《一百条裙子》。书里讲的是一个名叫旺达的小女孩，因为家里很穷，没有钱买新衣服，每天都穿着同一条裙子，因而被同学们嘲笑。有一天，旺达对他们说她家里有一百条裙子！但是根本没有人相信她，而且大家都拿这件事捉弄她。旺达默默地忍受着。后来旺达转学了，她给大家留下了"一百条裙子"，原来是她花了很多时间画了一百条五颜六色、款式各异的裙子挂在自己的衣橱。有一天，她的"一百条裙子"竟然得了设计大奖，而旺达不但没有记恨那些嘲笑过她的同学，反而把自己的画无偿赠送给他们。在旺达的心里，没有恨，只有爱和阳光。那些曾经捉弄过她的同学，发现旺达是这么善良可爱的女孩，于是决定写封信向旺达道歉，并且去把她找回来……

故事里的旺达是一个孤独的孩子，在别人的嘲笑声中长大，可是她并没有轻视自己，而是在历经磨难后成了一位美丽的小公主。在经历了生活的磨难后，赢得的成功更加珍贵。

玲子的爸爸想让玲子明白：坚定的信念和乐观的态度能够打倒所有人的歧视，赢得属于自己的胜利。

从此，玲子发奋学习，她的各科成绩很快就升到了班里第一名。她还爱上了小发明，她发明的"视力矫正器"获得了"青少年发明奖"的一等奖。玲子一下子成为学校的骄傲、同学们的偶像。在这些光环背后，大家渐渐淡忘了玲子外貌的缺憾。那个曾经不想多看她一眼的班主任老师逢人便说："玲子是我们班的！"

小洛不能适应新环境，舅舅又没有正确引导，小洛便被自卑打倒了，这也将成为孩子心里一道抹不去的伤疤。当孩子遇到问题，带着孩子逃避不是解决问题的办法。而玲子因为家长的鼓励，用积极的态度换来了大家的肯定和尊重。

首先，当家长发现老师歧视你的孩子，不应在孩子面前强化老师和同学对他的看不起，而应该告诉孩子，越怕别人瞧不起的人越会被别人瞧不起。

其次，家长也应该教育孩子注重自身形象，这并不是指要如何精心打扮，而是告诉孩子："衣服可以穿得朴素，饭菜可以吃得简单，但是一定要给人清爽干净的感觉，毕竟，谁也不会喜欢不讲卫生的人。"

再次，父母不要给孩子灌输家庭穷富的概念，这会导致孩子过于自卑或者过于炫耀，都对孩子的成长不利。

我曾经教过一个学生叫思思，她也是从农村学校转来我们班的。刚来的时候，她穿着土气，普通话蹩脚，学习跟不上，不能融入班集体。后来有一天，有同学告诉我说："思思家很富裕，有很多钱！"我问："为什么这么说？"我才从孩子们的口中得知，思思最近每天都带好多文具或小食品到学校发给大家，有时甚至还给一些同学零花钱。我意识到事情的严重性，立刻找到思思，耐心和她沟通，才知道这些钱都是她从妈妈那儿偷的。我问她为什么这样做，她说："我妈经常说'我们家是农村的，很穷'，同学们也嘲笑我家穷，所以我要证明给大家看我家很富裕，别人才不会小看我。"可见，思思的自卑很大一部分原因来自其母亲的不正确引导。

孩子越自卑，越会遭到歧视。当孩子遭到歧视，家长要有强大的内心，要学会培养孩子的自信心，告诉孩子"你很优秀！爸爸妈妈永远支持你"，鼓励孩子在各方面尽力做到最好。

关于孩子遭到歧视，有人说："家长去学校找老师沟通一下，再给老师塞个红包吧！"我认为去学校找老师沟通是必要的，送红包和礼物就不必了，老师不会因为红包而从内心对孩子的看法有所改观。家长还是应该从孩子自身找问题，帮助孩子改变，建立自信，通过自己的努力去赢得他人的肯定和尊重。

如果遭遇老师歧视，家长可以不卑不亢地告诉老师："无论家庭环境如何，无论文化水平高低，我们对孩子的期望都是一致的，请您尊重我的孩子。如果孩子有缺点，也请老师告诉我们，我们会积极帮助孩子改正，让他变得更好。"

在沟通过程中，本着解决问题的原则出发，家长切忌对老师发火，冲动只会加深与老师之间的矛盾，让事情越变越糟。

第二章

厘清责任
保持分寸

1

别做家长群里
令人讨厌的家长

家长群的建立确实是家校沟通的纽带，但怎样才能让这些群回到正轨，发挥它应有的作用，还需要家长和教师加强自身的新媒体素养，把握好应有的度。

一次，我的教师朋友阿敏向我吐槽："真受不了班里的家长微信群，有时真想把群解散了。"

"为什么呢？"我很不理解，因为在我看来，自从有了方便的网络后，QQ 群、微信群等提高了沟通的效率，而我自己作为一名家长，也觉得孩子的班级自从有了家长群十分方便，可以在里面得到老师发布的很多信息，了解班级和学校的情况等。

阿敏说："你不知道，我们班四十几个孩子，家长至少有四十几个，有的还是父母双双加入，还有的父母把爷爷奶奶七大姑八大姨都拖进来，一个群就变成了上百人，每人说一句，一小会儿就有几十甚至上百条未读信息。我有时怕看漏了家长的消息，一条条往上翻，结果发现多数是废话或者重复的话，更有甚者，在里面发广告，卖东西……我真的很无语。"

阿敏也是有二十年教龄的老师了。她说，之前网络不发达的时候，没有这样的家长群。从一年级开始，老师就培养孩子们记家庭作业和传达老师通知的能力，根本不需要老师每天发布信息。如果有个别孩子做不到，老师再单独打电话和家长沟通交流。那时反而觉得没有这么累。但现在，每个班级几乎都有家长群，她作为班主任，如果不建立家长群的话，会让人觉得她不负责任，因此感觉十分心累。

"那你把'消息免打扰'打开，想看的时候看，不想看的时候也不会打扰你，是不是更好？"我给她出主意。

她摇摇头说："我是这样做的啊，但是没用，你知道吗？有时，我忙于备课、上课、批改作业，回家又要陪自己的孩子，很长时间没看群消息，等我再看的时候，就发现很多家长留言：'老师在吗？''老师，有事咨询一下您！''老师，今天我家孩子在学校表现如何啊？'……还有家长说：'对不起，老师，是不是我说错话了，您别介意。'其实，我根本不知道他说了什么！"

阿敏耸耸肩膀，越说越激动。末了，她叹口气说："唉！真不知是谁开始建立的家长群！"

和阿敏聊完后，我进入女儿班级的家长群更加注意了，除了说必须说的话，或者回复老师让必须回复的信息，我一般不在群里说任何废话。我也确实发现，有的家长喜欢在群里聊天，例如："我带孩子去××玩了……""我给孩子买了一本××书，非常棒，建议你们也买。""我家孩子参加了××培训班，大家有兴趣也可以看一看。"这些还可以理解，至少是围绕孩子的学习生活展开的。难以理解的是，有些家长喜欢发各种各样的链接，把家长群当成了自己的资源，进行宣传与推广。不知道他们有没有意识到，这样做会引起老师和其他家长的反感。

在网络发达的今天，建立家长群方便了老师与家长联系沟通，利用好家长群，不但可以省时省力，还可以让家长迅速掌握学校、班级的信息，了解孩子的表现。但如果家长群"变了味"，不但失去了它存在的意义，还会带给老师和家长们很多烦忧。那么，怎样才是家长群正确的"打开"方式呢？

对于家长来说，首先，一个家庭只需要一个家长加入孩子班级的家长群，这个家长可以向其他家庭成员传达班级信息，无须全家都加入。其次，家长应该充分相信孩子的适应能力，并对班主任充满信心，不要问一些琐碎的问题，实在有问题咨询，也可以单独询问老师，不要在群里重复发问，引起其他家长的反感。家长们还要注意，班级群虽说是一个可以共同交流的平台，但它更大的作用不是聊天，而是接收老师发布的信息。因此，聊天一定要适度，如果某些家长关系好，建议私聊。还要特别提醒大家一点，就是除了老师让必须回复的信息外，其他的信息无须盲目赞美或者跟风"拍马屁"。

这点，我也有切身体会。有时候，女儿的老师在班级群发了一条信息，不管是班级照片、布置作业还是收费通知，都能引发一阵感谢高潮："老师，谢谢您。""老师，您辛苦啦！""老师，非常感谢！""老师真好，为您点赞。"……看着家长纷纷跟风"感谢"，我也不好意思不表示，即使再忙也要赶紧复制一个"老师，谢谢"。

其实，老师不一定喜欢这样的方式，阿梅就非常坦率地告诉我："最讨厌家长跟风'拍马屁'了，我发孩子们的照片只是想让家长了解孩子们在学校的生活，发通知和作业是老师日常的工作，有什么可赞美的？一大堆的赞美我自己看着都脸红，又不知该怎么回复，后来干脆能少发就少发。"

听了阿梅的话，我扑哧一声笑了，和她打趣道："我也是家长群中跟风赞美的，哈哈，家长有时也很无奈，你也要理解。如果不随大溜，会显得很不尊重老师。"

家长群里有令人讨厌的家长，同样也有令人发指的老师，遇到这样的老师，家长又该怎么做呢？

我和很多妈妈聊过这个话题，一位姓赵的妈妈就对我说过这样一件事：赵妈妈是一个非常配合老师工作的家长，多次被评为学校的"好家长"。但最近她发现，孩子的班主任貌似做了微商，天天在家长群里发保健品广告，还让家长分享到自己的朋友圈。有的家长为了讨好老师，甚至还买了老师推销的保健品。"作为家长，我们都希望老师能多关注自己的孩子，所以私下里确实想讨好老师，但我一直不服用保健品，也从别的朋友口中得知老师推销的这款保健品纯属高价赢利，没什么保健作用。所以我只是转发了老师的广告却没有购买，不知道是不是这个原因，我明显感觉老师对我的态度和从前不一样了，而且我家孩子也说老师上课再也不叫他回答问题了，我不知道是不是因为我没有买老师推销的东西。"赵妈妈尴尬地说。

"本来这个老师在家长群做微商就是不妥的行为，如果还因为你没有购买她推销的东西就针对你和你家孩子，我认为这样的老师本身师德就有问题。你无须为难，遇见这种事，最好能和其他家长一起告诉学校领导，请求校领导对老师进行教育。"我对赵妈妈说。

家长们不想得罪老师，完全可以理解。但凡事得有个度，如果老师的做法违背了起码的职业道德，或者超出了你的承受力，你完全可以提出抗议。无原则的妥协和隐忍不但对孩子的成长没有帮助，还会助长教师队伍的歪风邪气，对大家都是有害无利的。

当然，赵妈妈提到的这类老师是极少数，如果您不幸遇见了，记住，不要单打独斗，一定要联合班里其他家长共同维护孩子的教育环境。

互联网时代，班级群、家长群的建立确实是家校沟通的纽带，但怎样才能让这些群回到正轨，发挥它应有的作用，还需要家长和教师加强自身的新媒体素养，把握好应有的度，千万别让家长群捆绑你的生活，成为难以屏蔽的负担！

家长首先要明白家长群是家校沟通的平台，不是讨好老师的平台。发自内心地感谢老师有很多种方式，如果总是在家长群里讨好老师，有时老师发条很重要的信息，很快就被大堆的"感谢""辛苦了"刷屏，那么重要信息就会被淹没。

别拿家长群当聊天群、炫耀群、投票群、广告群……在家长群里，重在知悉老师传达的信息，如果利用家长群来进行闲聊、炫耀、投票、发广告等，一定会引起其他家长或者老师的反感。

个人咨询无须搬进班级群。如果家长因为自己孩子的一些事情想咨询老师，最好单独联系老师，毕竟家长群是一个公共平台，不要因为你的私事影响到其他家长。

特别提示：班级家长群的建立和维护，需要家长和老师的共同努力。作为老师要做到：

1. 建立"班群守则"。班主任一般是班级家长群的群主，在建立家长群之后，首先要公布"班群守则"，提醒家长在该群的注意事项，以便大家遵守。

2.发布信息时要简明扼要。老师发布不需要回复的信息时，试着在信息后加上类似"无须回复"几个字，可以避免大量不必要的"感谢"，家长也会慢慢形成习惯。

3.在家长群里，尽量公平对待每一名学生。老师不宜在班级家长群中点名批评孩子，公布成绩、排名等信息，伤害孩子自尊心的同时也会让家长感到不舒服。如果老师要在群里晒照片，也要考虑到每一名学生的出镜率。

4.老师要注意做家长群中的引导者，管理好家长群。既然建立了家长群，老师就不能看之任之，要及时管理，对一些不适合发在班级群里的内容，要婉言提醒家长。

2 家长越热情，
老师越害怕

老师和家长的关系其实很微妙，
不能过于亲密，也不能过于疏远，
最好保持一个尊重的距离，做最
熟悉的陌生人。

"我是一个全职太太，平时没什么事情，有空就去学校和老师交流孩子的情况，有时也帮老师做些事情，帮老师收拾办公桌，带点小吃去给办公室里所有老师吃。可是有一天，我却听到另一位家长告诉我，老师说最烦见到我。我真想不通，我对老师这么好，怎么会换来这样的结果。"

一位家长在我的粉丝群里这样对我倾诉。

我告诉她："这位妈妈，你了解老师的工作吗？你知道老师在课堂上站了四十分钟以后，最想做的事情是什么吗？就是回到办公室坐下来休息一会儿，喝口水，喘口气。有时候，还要上两节课甚至三节课的连堂，小学生天性都是活泼有余，一节课下来会消耗老师很多精力。老师上完课后，往往都会觉得很疲惫，希望能有短暂的休息。如果回到办公室看见了你，她要强装笑颜，和你寒暄，这对老师来说是一种疲惫的折磨。她希望你能早些离开，但是你却坐着不走，她碍于面子，不好赶你走，又无法专心做事；而且办公室里的其他老师也不敢随意说话，一定会用可怕的沉默来暗示你离开，这些你都没注意到吗？"

　　"我确实没有注意到，我觉得我并没有打扰他们工作啊，他们完全可以不用理我，专心做自己的事情。"

　　"如果你家里来了客人，你还能继续若无其事地做其他事情，当客人不存在吗？或者在客人面前和家人讨论一些私事？办公室就是老师在学校里的家，而你是个访客，短暂的停留，大家都欢迎，长期驻扎在那里，大家就会厌烦了。"

　　我的同事吴老师遇见过这样一位母亲，她对吴老师特别热情，每天都去办公室帮吴老师整理办公桌，打扫办公室卫生，买些新鲜的植物放在办公室。有时吴老师忙不过来，她还帮吴老师改试卷。渐渐地，她们从老师和家长的关系上升到了好朋友。吴老师只要忙不过来，就很放心地把事情交给这位家长做，对她的孩子自然也是十分关照。可是，后来，吴老师因为爱人工作调动要离开我们学校，这位家长得知此事后再也没踏进办公室半步，并且还在其他家长面前说了许多吴老师的是非："她根本没什么水平，还让我替她改试卷呢！我都可以当她的老师。""走就走吧，换个新老师一定比她好。""我送了好多礼物给她，真是白送了。"……这些话传到吴老师的耳朵里，吴老师气得痛哭了一场。有经验的张老师劝慰吴老师说："小吴，我教了几十年书，最会看家长，那些平日里对你最好最热情的家长，最会在关键时刻捅你一刀。"

张老师还谈及自己遇到过的一件事。有一次，张老师被校领导找去谈话，校领导严肃地告诉她，有家长投诉她总是早下班，有时学生还没走完老师就不见了，对学生极其不负责任。

张老师感到很委屈。那段时间她爱人生病住院，为了不给学校添麻烦，不耽误学生上课，张老师没有向学校请假，一边照顾爱人一边上班，身心俱疲。有些家长知道后，纷纷提出让张老师上完课后先去医院，由他们轮流管理孩子们放学。张老师内心很感激家长们这么帮她，没想到却被一位平时看起来特别热情的家长投诉了，原因也很简单：这位家长的孩子是小组长，一天下午，因为本组的几个组员逃跑，留下她的孩子独自打扫卫生，很晚才回家。家长觉得孩子受了委屈，是因为老师监管不力，一气之下就投诉了张老师。从此以后，张老师对那些过于热情的家长都避而远之。

老师和家长的关系其实很微妙，两者的身份决定他们之间不能过于亲密，也不能过于疏远，只有两者默契地配合，才是对孩子最好的培养。老师和家长，最好保持一个尊重的距离，做最熟悉的陌生人。

我也遇到过很多很好的家长，最令我感动的是一个女孩的父亲。他平时很少到学校来了解孩子的情况，我甚至连他的模样都记不太清楚，在得知我辞职后，他却第一个给我打来电话。他在电话那头对我说："饶老师，得知你要离开学校了，作为家长，我觉得很遗憾。孩子在家哭了几场，但是我告诉她，我们理解你，并且完全支持你的选择，希望你在写作的道路上有更好的发展，我也为孩子这些年能得到你的教育表示衷心感谢！"

我握着电话，激动得手指发抖，除了说"谢谢"再无别的言语。我会永远记住这位家长，记住他发自内心的真诚。真正关心爱护孩子的家长，并不都是看到孩子受了委屈就找到学校来的家长。

如果想找老师交流孩子的情况，又没有时间去学校，打电话当然是最好的方式。但说到给老师打电话，也是有讲究的。首先，时间最好不要选择早晨。早晨，是老师非常忙碌的时刻，除非你有急事要给孩子请假，否则请不要在这个时间给老师打电话交流情况。其次，老师上课期间，你打电话给他很不礼貌，多数老师会在上课的时候关机。如果你真的有特别重要的事情非要告诉老师，建议你给老师发条短信或微信，老师一定会看到。

给老师打电话交流孩子的情况，时间最好选择在晚饭后，老师在这段时间相对比较放松，时间上也很宽裕，可以和你有效交流。但是，请你在交流前，一定要先想好打这通电话的目的。交流要有重点，言简意赅，切忌在电话里和老师唠唠叨叨地拉家常。

吴老师曾经这样对待过一个话痨家长。这位家长每晚都会给吴老师打电话，一通电话至少半个小时，总是聊些无谓的小事情。吴老师多次暗示她可以挂电话了，但这位家长就是不明白。吴老师不好意思挂电话，便想了一个办法，将电话放在桌上，然后做自己的事情，过一会儿拿起电话"嗯嗯"两声，再放下。这位家长自始至终都浑然不知。

对老师热情本没有错，但热情过头，不考虑老师的感受就适得其反了。希望家长们对老师的热情适可而止，和老师成为最熟悉的陌生人吧！

饶老师温馨提示

俗话说"君子之交淡如水"。家长和老师，也是一样。见到老师，请礼貌地问候；遇到问题，请谦虚地请教；交流孩子的情况，请耐心聆听；孩子获得了好成绩，请表示感谢。

老师和家长的关系其实很微妙，两者的身份决定他们之间不能过于亲密，也不能过于疏远，只有两者默契地配合，才是对孩子最好的培养。

老师和家长，最好保持一个尊重的距离，做最熟悉的陌生人。

3

家长越坦诚，
老师越真诚

如果孩子的错误涉及道德品质方面的问题，老师说不定会有所隐忍，除非家长表明态度，老师才会放下戒心。

我刚做老师的时候，也曾踌躇满志，立志做好人类灵魂的工程师，教书育人，为国家培养栋梁之材。我的眼中容不得一粒沙子，只要发现学生有一丁点毛病，就马上通知家长，以显示我是多么负责任。家长在我面前总是感激涕零地说："谢谢你，饶老师，我们回家一定加强教育。"我感到很有成就感，整日拿着一个"放大镜"寻找学生身上的缺点，以便及早告知家长。

有一次，我们班有个男生小翔没有做作业，于是偷了同组同学的作业本，把那位同学的名字涂掉，改成了自己的名字。那位同学很委屈，对我说他交了作业的。我便细心检查，因为对学生笔迹很熟悉，我很快就发现了问题。我找到小翔质问是不是他干的，他承认了。我教育他说："没做作业，你可以补上，但你偷换别人的作业本，不仅是在掩盖自己的错误，还伤害到了别人，这种行为是不对的。"

　　我请小翔的父亲来学校，告诉他孩子的行为。没想到小翔的父亲在办公室里很不满地对我说："我觉得这件事没有多严重，孩子才小学五年级，犯错很正常，这不过是耍点小聪明而已，老师你那样批评孩子，很伤害孩子的自尊心。我和他妈妈都是大学生，都是有素质的人，我们知道怎样管教孩子。"

　　他的父亲教训完我之后，转身就走。我感到前所未有的委屈，眼泪立即涌了出来。我真的错了吗？我不过想尽到老师的责任啊。办公室里的老教师们都来安慰我。

　　"小饶，有时候你以为你是好心告诉家长孩子的缺点，但有些家长不会领情，反而心里对你很不满。"

　　"以后看清家长的面目，该说的说，不该说的别说，反正不是你的孩子。"

　　"现在的家长都希望听到老师说孩子的好话，不希望听到老师说孩子的坏话。咱也别犯傻，他们喜欢听好听的，我们就拣好听的说呗！"

现在的家长非常注重孩子的心理健康，有些家长不遗余力地维护孩子，怕给年幼的孩子造成心理负担，但是辨清事件的性质同样重要。小翔已经五年级了，应该让他知道自己的行为是错误的，如果家长不正视孩子的问题，生怕孩子受到心理伤害，那么孩子以后还会犯更大的错误。

小翔毕业后，有一天，我在街上碰到小翔的父亲，他看到我装作不认识，掉头就走。我也没太在意，有些家长确实在孩子毕业以后，就不再理会孩子的老师，更何况，小翔的父亲还和我有过冲突。

后来，以前的学生告诉我，小翔因为和别人打架用刀刺伤了对方，进了少管所，我大为惊讶。虽然小翔在小学期间爱耍小聪明犯小错误，但还不至于如此吧，想到小翔父亲当年说的那句话，"我和他妈妈都是大学生，都是有素质的人，我们知道怎样管教孩子"，我很心痛，为小翔心痛，也为他父母惋惜。

再讲个故事。我的同事小秦是位新老师，有一天下课，她回到办公室，气愤地拿着一个笔记本给我看，说："你看看，我的学生敏敏才小学五年级，居然写这样的黄色小说。"我吃惊地接过一看，果真是小孩子的笔迹，写了半个笔记本，里面的内容极度肮脏污秽，如果不是亲眼所见，很难想象一个小学生会写出这样的东西。

"我要马上通知她妈妈来,看看她女儿的'杰作'。"小秦激动地说,"真不知道她这个家长怎么教育孩子的!"

敏敏的妈妈来到办公室,小秦拿出那个笔记本对敏敏妈妈说:"这是你女儿写的,你看看都写了些什么,真是不可思议,她是不是平时都在看这种小说?"

敏敏妈妈随便翻了翻笔记本,然后说:"不可能,敏敏不会写这样的东西,老师你是不是搞错了!"

小秦气得提高了嗓门儿:"不可能,她上课的时候写的,我亲自没收的,再说她的笔迹我认识,肯定是她写的。"

"说不定是别的同学教她写的呢?我那个女儿没脑筋,平时别人让她做什么她就做什么,我们家从来不放这种书,而且我们对她的教育都是正面教育,她不可能写出这样的东西。"

小秦不知道该怎么回应,敏敏妈妈还反过来教育小秦说:"秦老师,你们班有几个品行很差的女生经常来我家找敏敏玩,我们不喜欢敏敏和她们来往,你有空还是多教育一下那几个女生。"

小秦彻底无语了。

每个老师在教学生涯中,或多或少都经历过类似的事情。所

以老师很会看家长的脸色行事：干吗给自己找事，还招人不待见？看到家长尽量都说孩子的优点，而缺点只是轻描淡写地一带而过；当学生犯了错误，老师也会仔细思量一下能不能告诉家长。如果只是上课开小差、考试粗心、书写不美观这些小错误但讲无妨；如果涉及道德品质问题老师会有所隐瞒，除非是比较了解的家长，否则老师会有所保留。

我曾经在一个教师交流群里看到过这样一个帖子：

以前老师是天，现在老师是地。

以前老师是学生父母，现在学生堪比祖宗。

以前的老师一定要威严，现在的老师一定要和蔼。

以前是老师打学生，现在是学生打老师。

以前老师教学生兢兢业业，现在老师教学生战战兢兢。

以前的老师是琢磨怎么教好学生，现在的老师是琢磨怎么哄好学生。

纵观媒体上经常报道的学生和家长状告老师的新闻，你就不难理解，有时，不是老师不想负责，而是他们也有很多辛酸和

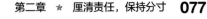

无奈。

如果你能遇到一位敢于坦诚地告诉你孩子在学校的问题的老师，你应该庆幸自己遇到了一位好老师。而当你发现了孩子的问题，也应该及时与老师交流，毕竟学校教育与家庭教育紧密配合，孩子的问题才能得到有效改正。

威子是我的同事方老师班的班长，他的爸爸是企业高管，妈妈是大学教师，家境优越。有一天，学校号召学生为灾区捐款，大家都带了钱到学校。可是，一节体育课后，很多同学放在文具盒或书包里的钱都不翼而飞了。方老师赶紧展开调查，平时只要上体育课，教室的门都会由班长锁上，也就是说，除非有钥匙，否则根本进不去。而班长正是威子。但是威子是个品学兼优的好孩子，他会做这样的事吗？方老师私下找到威子询问，威子很镇定地说："我不知道是怎么回事，我没有单独回教室，更没有拿那些钱。"另一位同学却悄悄告诉方老师，她看见威子在上体育课的时候独自回过教室。方老师感到问题很棘手，不知道该不该告诉威子的家长。

没想到第二天，威子妈妈主动来学校找方老师，因为她发现孩子身上有来历不明的钱，方老师便借机将情况如实告知了威子的妈妈。

"方老师，坦白告诉你，我们早已发现威子在家偷过钱，孩子学习再优秀，品德出现问题，也绝不能忽视。希望你能在

学校观察威子，一旦发现他再有类似行为，请务必告诉我们，我们一定好好管教这个孩子。"威子妈妈诚恳地表达了自己的意愿。

事后，方老师也主动找到威子谈话，经过老师和家长的共同努力，威子认识到了自己的错误，改掉了偷钱的行为。

家长要多观察孩子的表现，一旦发现孩子有异常行为，要及时和老师取得联系，将孩子的问题告诉老师，请老师帮你观察孩子在学校的表现。只有达成这样的共识，老师才会如实告诉你孩子的真实情况。

如果老师向你反映孩子的问题，你不认同，那就客观地提出自己的意见，并和老师协商出更好的教育方法。

如果发现老师对你隐瞒孩子的错误，也无须责怪或埋怨老师，只要主动向老师表明你的态度，让老师放下戒心，老师就会毫无顾忌地向你汇报孩子的所有问题了。

4

家长应机智应对
老师的批评

面对老师的批评，家长要智慧地应对，不要正面跟老师起冲突，但即便老师批评得有道理也切忌逆来顺受。最好的办法是能够扭转局面，将老师的批评转化为指导。

　　你有过这样的经历吗？假如孩子成绩不好或者犯了错误，老师请你去办公室，批评你不负责任，对孩子太放任，甚至说孩子成绩太差跟家庭教育有直接关系。你站在那里被老师数落，脸上无光，但是为了孩子，也只好点头隐忍。

　　敢于直接批评家长的老师一定是资深老师，并且一定是所谓的"优秀教师"。他们往往仗着年龄、资历或者是名气教训家长，而多数家长都会忍气吞声。

我曾亲眼见过这样一件事。

我们学校的高老师带的班每次都能考出年级第一的好成绩，即便是一个不被大家看好的班，只要高老师一接手，也能麻雀变凤凰。因此高老师在学校领导和学生家长的心目中都有极高的威望，谁也不敢轻易得罪她。

有一次期末考试，她的班因平均分 0.2 分之差得了年级第二名。本来大家都觉得很正常，没有谁因此就对高老师的能力提出质疑，但是高老师过不了自己这一关。她找来本班的试卷，一张张进行分析研究，终于发现问题所在，是平时成绩还不错的小刚同学作文没写完，只写了一小半，被扣掉了 12 分。

高老师一算，班里 50 个孩子，平均分比第一名少 0.2 分，总分就少了 10 分，如果按照小刚平时的水平，作文写完的话最多扣 2 分，那么全班成绩和第一名不就持平了吗？

高老师顿时火冒三丈，立即打电话通知小刚的妈妈来学校。

小刚妈妈带着小刚匆匆来到学校，还没有弄明白状况，就被高老师痛骂了一顿："你瞧你儿子干的好事！我这一年的付出都毁在你儿子手上了，平时看他老老实实，没想到关键时刻这么愚蠢，整个班都被他拖累了，遇到他算我倒霉！"

小刚妈妈和小刚看着高老师手里挥舞的试卷，好半天才明白是因为小刚作文没写完，影响了成绩。

小刚伤心地痛哭起来，妈妈则局促不安地站在一旁，一边责骂儿子，一边不停地向高老师道歉。

"时间来不及了，我没有写完作文，老师就收卷了。"小刚抽泣着解释。

"谁叫你速度那么慢，你是七老八十的老头儿吗？再说你是傻瓜啊，老师收卷你就让他收？你不知道求老师让你写完吗？真是木头脑袋，不知应变！"高老师不依不饶，使劲摇晃着小刚的身体。

"真的对不起，高老师，我们回家一定好好教育小刚，让他以后提高速度！"小刚妈妈反复说。

"以后！哼！什么以后！我这一年算是白干了！"高老师使劲拍着办公桌，提高嗓门儿说着。

小刚妈妈不知道该怎么办，吓得不停地抹眼泪。

我们都觉得高老师的做法太过分了，但因为大家是同事，又不便当众干涉。

小刚和妈妈可怜兮兮地离开办公室，看着真让人心酸。如果我是这位家长，一定不会任由老师这样责骂。怎么能把自己一年工作的成败都押在孩子身上呢？那 12 分能说明什么呢？年级第一

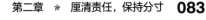

名和第二名不过就是个名声而已，仅仅为了这个名声，就去伤害一对母子的自尊？高老师，你倒是狠狠地发泄了，有没有想过这会对家长和孩子造成怎样的伤害？

老师责骂家长，只要家长认为没有道理，或者心里有不同的想法，就要不卑不亢地提出来。老师和家长，必须站在平等的位置上，相互尊重，相互配合，如果家长对老师一味地忍让，在老师面前失去尊严，也会使孩子受到影响，过多地承担歉疚和自责，以为是自己犯下了天大的错。

当然，家长一定要控制好自己的情绪，不能做出过激行为。

有一个男生，打伤了班里另一个同学的眼睛，老师通知其家长到学校协商医药费问题。这个男生的爷爷一副趾高气扬的模样走进办公室，说自己的孙子根本没有错。老师严厉地说："发生矛盾双方都有责任，而且你孙子的确打伤了某某同学，家长怎么能包庇孩子的错误呢？"

这位爷爷突然对老师大吼："我的孩子我会教育，不用你来教！我凭什么负责，在学校发生的事情就该学校负责！"

老师也十分生气地说："怎么有你这样不讲道理的家长？我不想再和你谈了，请孩子的父母来吧！"

"天王老子来，我也是这个态度！"这位爷爷涨红着脸在办公室破口大骂，最后还是由学校领导出面请走了这位老人家。

老师觉得很委屈，当即流下了眼泪。

后来，孩子的父母到学校向老师道歉，并承担了相应的责任。但是这件事在老师心上一直是个伤疤，这位老师对打人的这个孩子再不敢多加管教，并且也有意地让其他孩子远离这个孩子，不要和他发生矛盾。

那面对老师的批评，家长怎样做比较合理呢？

我曾经看到这样一位家长，面对老师的批评，处理得非常恰当。

还是前面提到的那位资深老师高老师，有一次，她通知一位家长到办公室。高老师一边批改作业一边教训这位家长："你儿子的学习习惯很不好，上课做小动作，注意力不集中，字写得像甲骨文，你们做家长的平时管了吗？别以为把孩子送到学校来就可以不闻不问了，我班里这么多学生，不是只管你家一个小孩的！"

这位父亲不慌不忙地搬来一个凳子坐在高老师身边，客气地说："高老师，孩子身上确实有很多毛病，我也想趁这个机会好好和您沟通一下，不知道您能不能暂时放下手中的工作？耽搁您了。"

高老师只好放下红笔，正襟危坐地看着这位家长。

这位父亲说："孩子三岁之前都是爷爷奶奶带着的，我们疏于照顾，后来才知道三岁之前的教育很重要，但是已经晚了，孩子的很多不良习惯已经养成。我和爱人也想了很多办法，纠正孩子的习惯，但我们毕竟不是专家，也不太懂教育，所以特别希望能给孩子找个好老师。我们千方百计打听到高老师很优秀，对孩子很负责，于是费了很大力气才把孩子送进您的班，希望能得到您的指点和帮助。高老师，我也知道您班里学生多，您的工作很辛苦，但请相信，我们做家长的一定会配合您的工作，关键是您能不能给我们一些指点，怎么教育孩子，纠正他的不良习惯？"

听到这一席话，高老师态度一百八十度大转弯，她耐心地告诉家长应该怎么帮助孩子改掉坏习惯、提高书写能力，并且还主动提出建议让孩子每天回家练习一篇小字第二天拿给老师检查。高老师和这位家长探讨了好几种共同教育孩子的好办法，双方交流十分愉快。

这位家长走后，高老师还微笑着赞叹："这种家长才是好家长啊！"

我非常佩服这位家长的语言艺术，在短时间内化干戈为玉帛。他的方法值得各位家长借鉴。

当家长被老师批评时，不能卑微隐忍，也不能恶语相向，应该自始至终保持一种轻松自然的态度。

老师不会无缘无故地批评家长，家长遭到老师批评时，要学会从中听出真正的问题来。听完老师的批评后，再运用语言艺术，首先肯定老师的付出，并向老师虚心求教如何更好地教育孩子，让老师从批评者转变为指导者。这时，老师会觉得自己备受尊重，紧张的气氛自然会转化成和谐的气氛，才能彼此愉快交流。

5 如何告诉老师：
"你错了！"

家长发现老师犯了错，不要害怕指出老师的错误，这是对自己孩子负责的体现，也能为老师赢得更多的尊重。

人无完人，谁都会犯错，老师也不例外。

当老师的，没人敢说自己没犯过错吧！

一个真正的好老师，是敢于面对自己的错误，并且勇于承认的。

我在刚当老师的时候，曾经听到邻家一个小男孩愤愤不平地对我说："我们班同学都特别讨厌数学老师，因为每次她犯错都不承认，还说：'我就是故意错的，我有意考验你们的。'真是虚伪！"

从那以后，我告诉自己"只要我在教学中犯了错误，一定要向学生承认"，并且我也这样做了，结果不但没被学生嘲笑，反而赢得了他们的尊重。

家长发现老师犯了错，不要害怕指出老师的错误，这是对自己孩子负责的表现，也能得到老师的尊重。但家长需要注意的是方式，不要让老师觉得难堪，甚至因此"得罪"老师。

有一次，我的同事小秦开完家长座谈会后气冲冲地回到办公室，拉住我就抱怨道："你说我们班某某同学的家长多可恶，刚才当着那么多家长的面说我教孩子'再接再厉'这个成语的时候，把'厉'写成了'励'。老师偶尔写错一个字很正常，为什么私下不说，偏偏拣那种场合说？你不知道我当时有多尴尬，恨不得立刻消失在家长眼前。"

我赶紧安慰小秦，告诉她也许家长不是故意的。小秦也说，当时她是让家长提出一些教育孩子的问题，没想到这位家长就正儿八经翻着字典说她讲错了字，令她完全没有思想准备。

"那你承认自己的错误了吗？"

"能不承认吗？还要装模作样地向他表示感谢呢！"小秦气愤地说。

"那你做得很好啊！家长不会看不起你的！"

虽然我这样宽慰小秦，但是我也知道，任何老师遇到这种情况或多或少心里都会不舒服，包括我自己。

如果是在课堂上，学生指出我的错误，我可以欣然接受。如果家长私下指出我的错误，我也可以及时改正。但如果是在那种场合，有家长严正地指出我知识上的错误，这确实令人困窘。

不过庆幸的是，在我这么多年的教师生涯中，遇到了许许多多的好家长。记得有一次，我在批改一年级试卷时，有一道题是将打乱的词语组成通顺的句子。我至今还清楚地记得这道题目是："公园里、美丽、花儿、的、多么、啊。"因为大多数学生都会组成："公园里的花儿多么美丽啊！"所以，我先入为主，再加上认为是一年级的试卷，没经过仔细思考，就以这个为标准答案，很快就批改完了当天的试卷。

第二天，一位妈妈来到我办公室，拿着孩子的试卷问我："饶老师，我想和你讨论一下，孩子这样组合可以吗？我读起来也没有错。是不是非得组成一个句子才可以？"我接过试卷一看，原来她的孩子是这样组合的："啊！公园里的花儿多么美丽！"

这为什么不可以？

完全可以啊！

我当即红了脸，赶紧拿出红笔给孩子修改过来，并诚恳地告诉家长："孩子是对的，这道题没要求只能组成一个句子，她这样组合说明她的思维和其他孩子不一样，还应该提出表扬！是我改错了！"

还有一次，放学的时候，家长陆续来接小朋友回家。有一位老人家紧盯着教室的黑板看了很久。我起初也纳闷儿，不知道他在看什么。后来，这位老人悄悄走到我身边，看着黑板低声对我说："老师，请教你一下，现在的语文基础教育里，是不是'近'和'进'通用啦？"

我抬头一看，黑板上有一句："上课铃响了，大家连忙走近了教室。"原来是我不小心把"进"写成了"近"。虽说是不小心，但在小学语文教育中，这可是严重的错误啊！我赶紧将黑板上的错别字改正，并且谢谢老人的提醒。老人对我笑笑说："现在教材经常改来改去，我还以为是教材改了呢！"

我很感谢这些家长，是他们的诚意、宽容和理解树立了我在孩子们面前的光辉形象。但是有些老师却没这么幸运。

我有个亲戚的女儿，经常在我面前说："我们老师最没水平了，经常讲错，我一点都不喜欢她，估计她念小学的时候考试都不及格呢！还好意思批评我们！"

后来我发现，孩子之所以会这样说，是因为她爸爸经常在她面前灌输："你们老师讲错了，听爸爸的。你们老师算什么，一个小学老师能有多高水平？我怎么说也是个博士，你要相信爸爸！"

是的，小学老师很平凡。有些家长总认为自己文化水平高，从心底里瞧不起小学老师，一旦发现老师出现了知识上的错误，更是担心把孩子教坏，于是赶紧在孩子面前说老师的不是，来抬高自己的形象。还有一些家长觉得多一事不如少一事，何必指出老师的错误呢？这两种家长的做法都是不妥的。

作为一个负责任的好家长，应当选择合适的时机善意指出老师的错误。

有一次，我参加小学毕业考试的阅卷工作。在"看拼音写词语"的题目中有"尴尬"一词，有一本试卷孩子们的答案几乎都是错的，他们把"尴尬"二字的左边都写成了"九"，实际上应该是"尤"少一"点"。后来拆试卷的时候，我发现这本试卷是刘老师班的。刘老师是位要退休的老教师，因为眼睛不太好，可能在教这两个字的时候疏忽了，所以班里多数孩子都写错了。刘老师为此很愧疚，起初她也不敢相信是自己教错了，因为还有几个孩子是对的。于是，她找来自己最喜欢的语文课代表，问她："这个词语你写对了，你还记得我是怎么教的吗？"

语文课代表这时才小声说："老师，您是教错了。后来，我回家也写错了，妈妈见我写错了给我纠正的。"

"那你为什么不告诉老师呢？"刘老师十分生气。

课代表说："妈妈说，最好不要指出老师的错误，怕老师生气，所以我就没敢告诉你。"

如果这个妈妈能善意地提醒刘老师，或者让孩子提醒刘老师，那么毕业考试的时候，多数孩子就不会因这两个字而丢分了。刘老师也不会感到如此愧疚。

其实现在的孩子越来越有主见，有时在课堂上发现老师的错误会直截了当地指出来。反倒是家长会有各种各样的担心，怕伤害老师的尊严、破坏师生之间的关系，等等，对孩子有诸多提醒。难怪有些孩子会不满，为什么老师和家长可以不分时间、场合地批评我们，却不准我们说老师的错误呢？显然，在孩子的头脑中，平等意识要求他们能和师长互相指出错误，他们也要求一种平等的对待方式。

与其用空泛的大道理去教育孩子，还不如以身作则。当老师和家长都能用体谅、尊重的方式对待孩子的时候，孩子自然也会效仿。

比如，有位老师在课堂上从不批评孩子的错误，如果孩子错了，老师就会瞪大眼睛，嘴巴呈 O 形暗示孩子："你错了。"所以他的学生们在老师说错的时候，也会一起瞪大眼睛、张大嘴巴呈 O 形地看着老师，老师很快就会明白自己错了。这种可爱的方式不但让师生和谐相处，也让孩子从小懂得彼此尊重。

在小学生的心目中，老师是绝对的偶像，老师的话是绝对的"圣旨"。如果你摧毁了他们心中的偶像，他们会感到万分失望，进而也跟着瞧不起这位老师，甚至厌恶他所教的学科。

因此，家长发现老师犯了知识性的错误时，一定不要在孩子面前诋毁老师的形象，而应该选取恰当的时机，采取请教、征询、讨论等巧妙的方式让老师看到他的错误，老师一定会愉快接受并改正的。家长可以鼓励孩子用恰当的方式给老师指出错误，让孩子学会理解和尊重。

6 别轻易叫老师"下课"，家长也可改变老师

当你发现孩子的老师不如你所愿时，不要首先考虑去跟学校要求换老师，帮助老师提高教学能力、改变教学方法将是最好的办法。

我朋友的孩子上小学一年级，孩子的班主任是位年轻的新老师，个人素质很好，但教学方法很一般，孩子上学两个月了，班级总体成绩也不理想，和那个公认的重点班相差甚远，家长们的意见都很大，商量着要联名向学校申请换老师，她问我该不该参与。

我说："最好不要参与。"

首先，学校有自己的用人制度和教学安排，不是谁想换老师就

能换的。其次，老师好不好，不是一两个月就能看出来的。每个班的情况不一样，学生也有差异，不能以班级的总体成绩衡量一个老师的优劣。

没有哪个老师生来就是好老师。好老师都是经过时间的历练和教学经验的累积成长起来的。我自己也有过这样的经历。我刚当老师那一年接的一年级新班，有一位家长带着女儿来报名。这位家长穿着时髦，开着高档跑车，好像来头很不简单的样子。报完名离开后不久，她又折了回来，对我说："老师，我要把我的孩子转到某某班去，听说那个班才是重点班，我跟你们校长说好了，你把我女儿的名字划掉吧！"当着其他来报名的家长和学生的面，我点了点头，可是我心里很不好受。后来，我将自己的班带得很好，孩子们无论是在学习、比赛，还是其他活动中都在年级名列前茅。家长们也非常配合我的工作，给了我许多肯定和赞许。毕业的时候，我带的班还被评为全市"优秀班集体"。那个曾经转走的小姑娘多次跟我们班的孩子说："我真羡慕你们，我多想转来你们班啊，我很喜欢你们的饶老师。"我对这个小姑娘记忆深刻，因为她有一位强势的妈妈，但是，我不知道她还记不记得，如果不是因为她的妈妈，她也可以成为我们班的一分子。

年轻老师有时需要的是一些时间和机会。如果这位老师个人素质很好，那么作为家长，为什么不能多给她一些时间呢？

衡量一位好老师的标准是看她是不是具有"三心"——爱心、

责任心、上进心，如果她符合"三心"标准，就是一位好老师。至于其他不足，都是可以通过努力来弥补的。

余先生是一名作家，他的儿子念小学一年级时，他发现儿子的老师对学生的课外阅读不够重视，但是做事认真负责，特别重视学生的基础知识。余先生想到一个办法，他跟老师说他愿意捐出一部分图书，在班级建立图书角。不仅如此，余先生还给孩子们拟了一份读书计划让老师参考，并且经常向老师推荐适合孩子们阅读的好书。很快，余先生便发现儿子对阅读更有兴趣了，因为老师现在经常开展读书活动，教学方法也有了明显的转变。

孙女士的女儿念三年级，教她数学的叶老师很爱孩子，也很有责任心，唯一的不足就是教学方法死板，给孩子布置的作业太多。有家长找到孙女士，想让她和他们一起去学校反映情况、换个老师。孙女士严词拒绝了，她告诉那些家长，叶老师其实挺好的，只是教学方法有点问题。家长们也点头认同。认真商量了一番，他们还是决定去找校长，但他们在校长面前先是肯定了叶老师的优点，然后希望校长能想办法帮助叶老师提高教学水平。他们还要求校长替家长保密，不要告诉叶老师家长们找了校长，因为大家的目的都是为了孩子好。校长很高兴家长们能够这样理解老师，为老师着想。

为了履行约定，校长给了叶老师很多锻炼机会，多次派叶老师外出学习，还让叶老师上优质课，写教学论文，跟有经验的老师交流。叶老师很快就看到自己在教学中的不足，她很努力地调整自己的教学方式，迅速成长为学校的骨干教师。校长也很满意，因为这是让学校、家长、孩子都受益的一件事。

发现老师有不足之处，家长们如果能怀着一种包容的心态去帮助老师解决问题，老师对家长也会心怀感激，更加重视你的孩子。

你可以送老师相关的教育类书籍，也可以和老师聊天，向学校领导提出建议，而最不可取的是一时冲动，找到学校领导把老师责骂一顿，或者态度强硬地要求学校领导必须换老师，一旦处理不当，受罪的还是孩子。

胡女士觉得教孩子的数学老师很不好，于是邀约其他家长一起找到学校领导，将这位老师批判得一无是处，提出必须给孩子换个老师。学校领导扛不住压力，只好换了一个家长们满意的数学老师。但是胡女士很快发现，孩子的数学成绩比以前更糟糕。孩子说新老师讲课速度太快了，他听起来很吃力。不仅胡女士的孩子这样，班里多数小孩都有如此反映。

小学生适应环境变化的能力较弱，由于和之前的老师长期相处，他们习惯了之前老师的教学方法和节奏，师生之间已经形成了某种默契。新老师再好，对孩子来说，也会打破原有的默契，需要一段比较长的时间适应，而适应能力差的孩子，会出现上课无精打采、不举手发言、成绩下滑等种种现象。

最糟糕的莫过于遇到下面这样的情况。刘老师教学能力很强，但是为人强势，对学生十分严厉，批评家长也毫不留情面。家长们对她的态度很不满，联名向学校申请换个班主任。学校领导找刘老师谈话，指出家长对她的不满，希望刘老师改正，与家长和解。刘老师非常气愤，她觉得颜面扫地，决心要"揪"出告发她的那些家长。于是，她心生一计，连忙召开家长座谈会，在会上，她十分"诚恳"地告诉家长："你们对我有什么不满，请当面向我提出来，我一定改正，让大家满意。"联名申请的那些家长以为刘老师真的有悔过之心，纷纷说出了自己的不满。刘老师默默记下了这些家长的名字，从此以后，她对家长和学生的态度果然有了明显转变，不再像以前那样严肃，总是笑盈盈的，暗地里却开始实行"软收拾"。什么叫"软收拾"？就是无视这些小孩的存在，上课时，不管他们有没有开小差，不叫他们回答问题，对他们的表现不批评也不表扬，对他们学习上出现的问题也不和家长交流。孩子哪里知道自己"被收拾"了，家长也很难知道孩子"被收拾"了。只有刘老师自己知道，她已经忘记了老师的责任，心里的愤怒让她变得狭隘而可怕。

我们在道德上可以谴责刘老师，毕竟孩子是无辜的。但是，当问题出现的时候，如果家长们在做出决定前换位思考，找到处理问题的最佳方式，就不会让孩子受到伤害。

当你发现孩子的老师不如你所愿时，你首先应该找出老师的问题所在，可以送老师相关的教育类书籍，也可以和老师聊天，向学校领导提出建议等，切忌冲动，也不要和其他家长一起申请要求学校领导换老师。一般情况下，学校不会轻易换老师，因为这样会打乱学校的人事安排和常规秩序，给学校工作带来许多困扰。

向老师提出问题的时候，不要当着老师的面赞扬别的老师，要首先肯定老师的付出，表达对老师的感谢，这样老师也会比较容易接受你的提议。

7 利用家长会，
帮助孩子飞跃性进步

在对待孩子的教育问题上，老师和家长是志同道合的"亲密战友"和"合作伙伴"。而家长会，正是给合作伙伴搭建的一座桥梁。桥梁搭建好了，教育中遇到的种种问题才能迎刃而解。

学校召开家长会，父母再忙，也一定要抽时间参加！家长会是一个非常好的机会，能够帮你直观了解学校的教学风气，了解老师的职业素质，了解孩子在校的表现情况等。如果你能把握机会，还能让老师更加重视你的孩子，帮助孩子实现飞跃性的进步。所以提醒各位父母，家长会，最好不要请假，并且，一定要抓住机会发言！

我记得很多时候开家长会，当我洋洋洒洒地说完班级的总体情况以后，都会问上一句："家长们有什么建议可以在这里提出来，大家也可以借此机会互相交流一下孩子的学习情况。"

这个时候，多数家长都会保持沉默，或者互相观望，如果有个别家长发言，可能会带动其他家长发言，但如果没有家长发言，在冷场的情况下，家长会也只有尴尬收场。但事实上，家长会如果成了老师单方面的演讲，意义就不大了。在对待孩子的教育问题上，老师和家长是志同道合的"亲密战友"和"合作伙伴"。而家长会，正是给合作伙伴搭建的一座桥梁。桥梁搭建好了，才能沟通家庭和学校，推动家校教育。在家长会上，除了老师要传达自己的教育理念，家长们也要把握机会，让老师更加了解你的孩子，还可以提出教育孩子时遇到的问题，请老师帮忙解决。

小林的爸爸林先生是我印象中特别会把握家长会的家长之一。林先生是生意人，平时也比较繁忙，但是只要班里开家长会，他一定要挤出时间前来参加。我为什么对他印象深刻呢？是因为一年级新生的第一次家长会，当时也是我讲完话以后，给家长们的提问时间，其他家长还在观望的时候，林先生第一个举起了手，他非常幽默地说："饶老师好，家长朋友们好，我来开个头儿吧。我是老林，小林的爸爸，我们这几十个孩子能在一个班，是一种缘分呀，俗话说，'十年修得同船渡'，我们能坐在一条船上非常不容易，以后如果孩子们中间有什么矛盾忍一忍，大家将就一下，以和为贵，不要起什么冲突……我和我儿子都是小眼睛，热情中带着真诚。"

林爸爸的发言一下子就活跃了家长会的气氛，家长们都笑了，情不自禁地点头鼓掌。紧接着林爸爸又说了小林的特点："我家小林啊，眼睛小个子也小，不过胆子可不小，最喜欢上台演讲、朗诵，之前也参加过一些比赛，成绩还不错，也希望老师能多给他锻炼的机会。"

因为是一年级新生，我对每个孩子都还不太了解，正因为林爸爸借家长会说出了孩子的特点，第二天，我就让小林带领大家早读。果真发现他声音悦耳动听，音调抑扬顿挫，是一个朗诵的好苗子。

美国心理学家罗森塔尔曾经提出，教师对孩子的期望是很能影响孩子的成绩的，被老师关注的学生学习成绩往往会更好。所以老师对孩子的关注和期待是非常重要的，家长会通常一学期就一次，家长一定要好好把握机会，充分利用家长会的契机，将孩子的优势自然地传递给老师，也可以就孩子的问题和老师共同探讨教育的方式，当众发言也好，单独交流也好。让老师了解你，也了解你的孩子，具体来说。家长可以从以下几个方面来做。

1. 和老师分享孩子的日常

其实老师很愿意听你分享孩子的日常生活，比如在家趣事、旅行、参加比赛等，因为越多了解你家孩子的课外生活，比如孩子在家学习的情况和细节，老师才能越有效地帮助孩子，而且还能让老师体会到家长对他们的信任，拉近彼此的距离。

2. 以信任的心态为基础，表达对老师的同理与支持

信任这个基本态度，是家长会沟通最重要的基础。面对老师对孩子的负面评价时，家长应该引起重视，并向老师了解更详细的实际情况。不要因为爱孩子而急着找借口反驳，更不要单方面维护孩子去挑老师和学校的毛病。而应该坦诚地和老师讲述你真实的想法，和老师一起，寻找帮助孩子、提升孩子的方法。

特别是重点学校，老师所肩负的重任，家长实难想象。如果能够先以"老师要照顾整个班级的孩子，要符合每个家长的需求，真不容易"，来表达对老师的同理，老师就能从家长的支持中找到力量更好地去处理孩子的问题。

3. 清楚表达自己的需求与期待

和老师沟通时，向老师清楚说明孩子的状况与自己对孩子的期望。例如老师说孩子数学一直跟不上班级的进度，家长要能具体说出孩子的问题以及需要老师协助与支持的部分，你可以告诉老师孩子是因为对数学没有兴趣，找不到成就感，请求老师能在班里找机会抓住孩子数学上的进步当众表扬孩子一次，让孩子增强学习的信心。最重要的是，家长一定要表示并非只想依靠老师解决孩子的问题，家长也会在家里投入更多的精力帮助孩子进步。

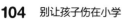

如果家长会有孩子一起参加，也要鼓励孩子畅所欲言。我记得有一次开家长会，我也邀请了孩子和家长们一起参加。当家长们陆陆续续前来时，孩子们分工合作，负责签到、领路、接受家长咨询，他们和家长们说说笑笑，使会场的气氛很活跃。

　　在这次家长会中，我也从主角转为幕后，班里的综合情况由班长来介绍。然后，班委们分别介绍学习、纪律、卫生各方面的详细情况。我注意到，家长们比以前听得更用心，有的家长看到自己的孩子上台讲解，也特别开心。

　　接下来，是老师和家长之间、家长和家长之间的交流。也许因为孩子们落落大方的表现，家长们也不甘落后，急切地询问孩子在学校的各方面表现，有些家长也积极地把自己的一些教育经验和其他家长分享。

　　在这种和谐愉快的气氛中，孩子能说出许多平时不敢对老师和家长说的话。比如，小敏就向她妈妈提出："妈妈，我最不喜欢你每次给我讲题时大声嚷嚷的样子，本来对不懂的题我就很紧张，你再一吼，我就更不懂了。"小敏妈妈当即表示，会尽量改掉这种急躁的脾气，给孩子讲题的时候耐心一些、温柔一些。也有学生大胆地质疑我："饶老师，为什么我经常举手，可是你老是不叫我回答呢？"我向他解释道："班里有几十个同学，老师要照顾到每一个同学，不叫你不是没有关注你，是因为我知道这个问题你一定能答对，就多给其他同学一些机会，希望你理解。"孩子的视角和老师不同，他们的发言有时比老师更具创造性和说服力。班里的很多情况，学生之间存在的问题，有些老师和家长未必能了解，但从孩子的口中就能听到。会场上时而欢笑声声，时而有人感动落泪。学生的参与让家长会成了家长、老师、学生三方平等对话、真心沟通的桥梁，增进了彼此之间的了解和尊重。

在学生之间流传着一句"歇后语"：家长会后——今夜有暴风雨。很多家长会确实会给孩子这样的感受，特别是学习不尽如人意或者比较调皮的孩子，在家长会上，多多少少会受到老师的点名批评，这让坐在座位上的家长肚子里憋着一团火，回家后免不了要把气往孩子身上撒。

但是智慧的家长一定能好好利用家长会的契机，了解孩子在学校的真实状况，向老师传递孩子的优势，咨询教育问题，调节会场的气氛，和其他家长一起交流经验等。

当然，最重要的是，家长会后，无论你有多坏的情绪，都请暂时隐藏起来，带着微笑回家吧，因为乐观积极的父母才能教育出乐观积极的孩子，让家长会后不再是暴风雨的夜晚，而是阳光灿烂的新一天！

第三章

良好品质的培养从沟通开始

1

别在老师面前
推卸你的责任

> 父母永远是教育孩子的第一责
> 任人，正视孩子的缺点，摆正
> 自己的心态，清楚自己的责任，
> 这才是对孩子负责的态度。

当老师指出孩子的错误时，有些家长会说："都是爷爷奶奶
（外公外婆）把孩子惯坏了！"他们以此来回避自己的责任。

父母永远是教育孩子的第一责任人，责无旁贷，没有任何理由
把属于自己的责任推给老人，也没有任何理由把属于自己的过失归
咎于长辈。正视孩子的缺点，摆正自己的心态，清楚自己的责任，
这才是对孩子负责的态度。

我有两个学生，明明和涛涛，两人在班里经常发生矛盾，动不动就打架。

有一天早晨，我刚走进校门，就见门口围着一大群人。

"饶老师，你终于来了，明明的奶奶和涛涛的奶奶打起来了！"一位家长告诉我。

我赶紧挤进人群，见两位老人已经被其他家长拉开了。她们正在号啕大哭，互相责骂对方。明明奶奶脸上有几道血痕，涛涛奶奶的脸上也有五指印。

我一问，原来是因为前一天下午放学的时候，明明和涛涛发生了矛盾，涛涛将明明的文具盒摔坏了。这天早晨，涛涛奶奶在学校门口碰到明明奶奶，两人一番争执后就打了起来。

我将两位老人和两个孩子的父母都请到办公室来协调此事。

两位老人不依不饶，都说这个班容不下明明和涛涛两个人，非得转走一个才行。双方父母也很无奈地看着我。

我觉得这件事还是得从明明和涛涛入手。下课以后，我去班里找明明和涛涛，却发现他们俩正在座位上兴致勃勃地下棋，两个人有说有笑，友好极了。

这就是孩子啊！办公室里两位老人还在气头上，这两个小家伙却像什么事都没有发生过一样！

我故意严肃地问明明和涛涛："因为你们俩经常发生矛盾，现在你们的家长决定，你们其中必须有一人要转学，是谁转啊？"

他们两个都连连摇头，表示不肯转学。

"不转学的话，你们以后就要友好相处，做好朋友，知道吗？"

两个小家伙高兴地点点头。

随后，两个孩子跟着我到办公室，当着家长的面做了保证。两个孩子还说，有时候他们只是闹着玩的。明明说他最喜欢看涛涛生气的样子，所以有时候故意说话气他。涛涛也说自己打明明、捉弄明明，就是想和他玩。

两位老人的气终于消了，关于早晨的事情，连连跟我说抱歉。

我告诉双方父母："孩子们有他们的相处方式，有时候，大人过多插手孩子的问题，反倒会引起过激的行为。如果双方大人当着孩子的面吵架打架，孩子自然也会效仿，认为这是解决问题的方式。当孩子在学校和同学发生矛盾的时候，大人只需要给予一些处理的意见帮助孩子去解决，无须站出来给孩子撑腰，否则，你的孩子永远学不会怎样和同学相处。"

双方父母连连点头，同时埋怨道："我们也明白这些道理，但是老人不明白，孩子有这么多坏习惯，都是因为从小跟着老人，被惯坏了！"

我听了这样的话，真想替老人喊冤，他们含辛茹苦地带大孙辈，却招来儿女这样的怨言！

做父母的，既然知道老人娇惯孩子，为什么不想办法弥补这种缺失呢？

隔代教育不能代替亲子教育，父母自己带孩子有很多优势。首先，年轻人的接触面广，视野开阔，接受和理解新生事物的能力比较强，孩子在父母身边，能够接触到许多在老人身边接触不到的东西，有利于培养孩子多方面的兴趣。其次，父母精力充沛，充满朝气和活力，可以经常带孩子接触大自然，有利于孩子身心健康。再次，父母可以通过书刊、网络等渠道来弥补教育经验的不足，同时对长辈的教育方法加以取舍……有这么多的好处，何乐而不为呢？

父母再忙，也不能把孩子长期托付给老人，这样做不利于父母和孩子之间的情感交流，甚至会带来意想不到的后果。

我有个朋友和父母的关系极为淡漠，很少和他们来往，偶尔碰见也形同陌路。"你不能这样对自己的父母吧？"我们都觉得她做得很过分，试图开导她。有一天，我们终于知道了原因。她的父母原来都是各自单位的骨干，工作很忙，她出生后就被送到外地的爷爷奶奶家寄养。等到念小学时，父母才把她接回家，因为家里条件好，父母想给她最好的教育，又把她送进了私立学校寄宿。所以她一直觉得，和父母就像陌生人一样，很难建立深厚的亲情，而且年龄越大感情就越淡漠，她自己也没办法改变了。

这样的局面想必会让她的父母暗自饮泣，可这世上哪有后悔药吃？孩子小时候，家长做甩手掌柜，固然可以享受一时的轻松，但由此产生的两代人之间的情感隔阂，却可能一生都无法弥补。

如果父母实在无法自己带孩子，也切记不要做抚养孩子的局外人，以免孩子形成不健全的人格。毕竟，隔代教育不能代替亲子教育，父母才是孩子的第一责任人，是孩子成长的第一任老师。

我教过一个转校生，叫小澳，他长得很胖，却不爱运动，经常生病。小澳的父母都在外地做生意，每年回家一两次。小澳从小就跟着奶奶长大，奶奶对他是千般呵护万般疼爱，直到上了六年级，还要亲自接送。小澳每天除了背着书包，还会拎着一个食品袋，里面是营养品和削好的水果。同学们都嘲笑小澳是"小皇帝"。

小澳的性格也很孤僻，不爱和大家玩，而且具有很强的防御心理，总觉得别人在说他坏话。见他这样，有些同学便故意逗他、捉弄他。小澳受了什么委屈，从不告诉我这个老师，总是回家告诉他奶奶，甚至还添油加醋一番。有时，他就在学校里给他奶奶打电话大喊"救命"。

每一次，小澳的奶奶都会第一时间赶到学校，找到欺负小澳的同学大声训斥一番。小澳的奶奶面露凶相，嗓音如雷，发起火来把孩子们吓得够呛。知道了小澳有这样一个保护神，孩子们便不敢惹小澳了，但是也没有人愿意和他玩。小澳的性格越来越孤僻。

我也曾给小澳爸爸打过电话，告诉他小澳的奶奶对孩子太过宠爱。他说孩子从小身体不好，都在奶奶的保护下生活，很少出去和小朋友接触，所以不会和人交流，经常被欺负。小澳小学就转了四次学，都是因为和同学、老师无法相处。小澳爸爸叹息说："我们常年在外地，没法照顾孩子，想把孩子接到身边，但是老人又坚决不同意，孩子就是老人的心灵寄托，我们也无能为力啊！"

当然，不是所有的隔代养育都会溺爱、错爱。如今，一部分老人在育儿方面经验丰富，方法得当，由他们来带孙辈，孩子也能够获得比较好的成长。在我多年的教学生涯中，也教过不少由爷爷奶奶（外公外婆）带大的孩子，他们爱学习、讲礼貌、尊重老师、团结同学，是人见人爱的好孩子。

带孩子是件劳心劳力的事情，还有重大的责任。这对老人来说很不容易，做儿女的应该多些感激，少些埋怨，也不要当孩子有了问题就推给老人。家长们请千万不要再说那句："都是他爷爷奶奶（外公外婆）把他惯坏了！"

那作为父母的你们，做什么去了呢？

父母永远是孩子的第一责任人，父母再忙再累，也要想办法多抽时间和孩子相处，倾听孩子的心声，观察孩子的表现，以身作则地教育孩子。若孩子不得不接受隔代教育，父母可以这样做：

1. 主动与老人沟通，经常了解、关心孩子的成长，与老人探讨教育的方法，尽父母应尽之责。

2. 当发现老人对孩子有溺爱的现象或不妥当的教育方法时，应从侧面提醒老人，使老人意识到自己教育方式的不妥。切不可当众训斥老人，那样只会伤了老人的心。更不能当着孩子的面说老人的不是，这样会影响老人在孩子心中的威信。

3. 经常向老人讲一些教育案例，或者推荐一些教育书刊，丰富老人的教育知识，转变教育观念，从而在家庭中取得教育上的协调一致，提高家庭教育的质量。

4. 当老师通知家长到学校开家长座谈会或者解决孩子的问题时，父母最好亲自去，不要推给老人。若实在没有时间，也要在电话里和老师另外约定时间。

2 孩子很优秀，
别忘了老师的功劳

> 孩子优秀，离不开老师的
> 引导和培养。感谢老师的
> 付出，让孩子学会感恩。

　　格格从小学一年级到六年级都是班长，六年级时还当上了大队长。毕业的时候，学校评选市优秀学生干部，每班只有一个名额，老师毫不犹豫地推荐了格格，格格以"优干"的身份被重点中学点招。升入初中后，到了教师节，同学都会相约回小学去看老师，可是格格以学业忙为由拒绝了同学的邀约。有一次，格格妈和格格在街上偶遇格格的小学班主任，格格妈说："格格，快向你的班主任老师问好啊！"格格却拉着妈妈快步离开，装作没看见老师。格格妈觉得很尴尬，责问女儿："上小学时，老师对你那么好，还选你做市优干，你怎么一毕业就不认识老师啦，老师会多伤心啊！"格格不以为然地说："我当市优干是我自己努力的结果，关她什么事啊？都已经毕业了，还打什么招呼呢？"

见女儿如此冷漠，格格妈觉得心都凉透了。再想想，格格平时也不会对父母说什么"甜言蜜语"，父母生病时，她也从来不闻不问。不知道为什么如此优秀的女儿却这样"没心没肺"。

现在的孩子集万千宠爱于一身，父母毫无原则的爱让孩子对父母给予的一切都习以为常。孩子获得的爱太多、太容易，自然不懂得珍惜，进而"感恩缺失"。孩子知恩、感恩的能力不是与生俱来的，需要在后天的教育中培养。可是，在应试教育的环境中，学校、家长更看重的是孩子的学习成绩，这也是孩子感恩心理缺失的原因之一。

做父母的，如果真的爱孩子，那么就要从小往孩子心里播撒爱的种子，这比什么都重要。孩子的正向思想是靠灌输的，爱的种子是需要培育的。

格格成绩优异，又备受老师重视，所以格格的家长平时很少去学校和老师交流，甚至连电话交流也很少。每次开家长座谈会，格格都是被所有老师表扬的对象，格格妈感到很骄傲也很放心，好像没什么事要去打扰老师，也很少在格格面前提到老师的好。每到节假日，格格妈也不会想到给老师送祝福，哪怕是一条祝福的短信，格格妈都不曾发过。格格自然也认为自己的一切成绩都是靠自己的努力得来的，和老师无关。

这就是原因所在。

在办公室里，我经常会听见一些老师念叨："我们班某某同学很不错，我特别喜欢他，可他父母长什么样我都不知道。"

"某某孩子一毕业就不认识我啦，当初我还那么重视她，想想真心寒。"

"当小学老师也挺悲哀的，孩子成功后最记得的肯定不是小学老师。"

…………

可见，老师们最希望的还是自己的付出没有白费，家长和孩子们能记住他。

我教过一个孩子，叫小纪。小纪特别聪明，非常爱在课上提问，有时提的问题和课堂内容完全无关。很多老师都不喜欢他，因为他的提问会影响老师的课堂进度，一些问题还会引起全班哄堂大笑，老师必须重整纪律。老师们给他封了个"十万个为什么"的绰号，上课见他举手，也不敢叫他回答。

有一次，我在课上讲唐代诗人张九龄的诗句："海上生明月，天涯共此时。"我饱含深情地讲："这句诗的意思是指皎洁的明月从海上升起，照着我也照着远在天涯的亲人。诗人借明月来表达自己对亲人的一种相思之情。"

小纪突然把手举得高高的。

我喊他起来。

"老师，为什么要借明月来表达相思之情呢？"小纪不解地问。

"因为明月只有一个啊，诗人和他的亲人虽然远隔天涯，可看见的都是同一轮明月呀！"我说。

"那太阳也只有一个，为什么不说海上升太阳，天涯共此时呢？"

"哈哈哈……"

同学们都笑了起来。

我想了想说："人们通常喜欢借月亮来表达相思之情，而且月亮是晚上出来，晚上是最容易思念他人的时候，大家明白了吗？不过，小纪同学敢于表达自己的见解，是很值得大家学习的。"

后来，小纪考上了名牌大学，在谢师宴上，小纪的父母不但邀请了小纪的中学老师，还邀请了小纪的幼儿园老师和小学老师。小纪的妈妈情真意切地对大家说："孩子从进入幼儿园开始，就离不开老师的引导和帮助，孩子能取得今天的成绩，最辛苦的是老师！我们和小纪都会记得所有教过他的老师。"小纪也向所有的老师一一举杯致谢。走到我身边时，小纪调皮地说："饶老师，我记得我小学的时候很爱扰乱课堂纪律，好多老师都不喜欢我，只有您总是叫我发言，还对我说：'你说吧，大胆说！'，谢谢您！"

这样的话语，真让我感到温暖。

只有父母发挥示范作用，做好感恩教育的表率，孩子才会潜移默化地受到影响，具有感恩之心。父母无论多忙，都要在节假日带上孩子去看望双方的老人，对帮助过自己的人要表示由衷的感谢，对没有帮助过自己的人要善于谅解。在教师节的时候，父母即便不给老师送礼物，也要引导孩子用自己喜欢的方式表达对老师的感谢，比如给老师画一幅画、制作一张贺卡、送一朵纸折的小花，等等，这样才能在孩子幼小的心中种下一颗爱的种子。长大后，他才会感谢长辈，感恩所有对他有过帮助的人，才会成为一个具有健全人格的人，也会受到大家的欢迎。

一个真正优秀的孩子，除了具有很高的智商，还应具有很高的情商。孩子成绩再好，如果不懂得尊重、感恩，不能承受一点点小小的失败，完全以自我为中心，这样发展下去，后果将不堪设想。纵观媒体上报道的一些孩子伤害父母的新闻，我们不得不深思感恩教育的重要，因此，让每个孩子在成才之前，先懂得感恩吧！

有些家长认为自己的孩子很优秀，认为老师对孩子重视和培养是理所当然的，对老师的态度很冷淡，也从不主动到学校了解孩子的情况，更别说感谢老师。因此，孩子的潜意识里也会觉得自己的一切都是应得的，与老师无关。

做家长的，一定要当着孩子的面感谢老师的付出，哪怕是一两句暖心的话语："老师，您辛苦了！""孩子特别喜欢您！""谢谢您这么重视我的孩子！""孩子最需要老师对他的赞扬和肯定！"……这些话都会让老师备感尊重。同时，这些话也教会孩子从小学会感恩。

孩子毕业后，家长也可以在教师节给孩子以前的老师发去祝福的短信，或者当孩子毕业升学后，让孩子向以前的老师汇报喜讯。这些做法都会让孩子拥有一颗善良感恩的心。

3 当班干部是孩子自己的事，不是家长的面子

每一个孩子都有自己的性格特点，有的从小喜欢领导他人，有的从小喜欢做实事，还有的从小不愿受约束，喜欢自由自在。很多时候，孩子并不在意做不做班干部、做什么班干部，反而是家长在意。

如果孩子在班里能当个"一官半职"，这对家长来说，确实是颇有面子的一件事，遇到熟人可以有意无意地炫耀一番。对孩子来说，能在小学阶段担任班里的班干部，对他的管理能力、交往能力等都是极大的锻炼，对自信的建立也有很大的帮助。很多家长，虽然嘴上不说，但心里的确希望孩子能"当官"。

对老师来说，一个好的班级非常需要能干的班干部，能干的班

干部不仅能减轻老师的负担，还能凝聚班集体，活跃班集体，创新班集体。

虽然有些人反对在小学生中选举班干部，但作为一线老师，我觉得从中国目前的教育实际来看是不现实的，一个班几十个孩子，没有班干部，老师很难开展工作。

但班主任老师要注意的是，选拔班干部的方式一定要创新，尽量让每个孩子在小学阶段都有为班级服务、做老师小助手的机会。

我刚担任班主任的时候，因为没有经验，在选班干部这件事情上，做法也非常传统，而且很主观。

教一年级的时候，通过观察，我发现班里有几个孩子的综合素质很不错，于是在心中就已经暗暗锁定他们是自己要重点培养的班干部。

其中，男生小贾身材高大、声音洪亮、性格外向、成绩优异，在所有孩子中显得最为出色，我毫不犹豫地选他做了班长。

有一天早晨，我因为在路上堵车，赶到学校时，第一节课的上课铃已经响过了。

我心急火燎地冲向教室，心想：这帮一年级的孩子一定炸开了锅！可是，当我走到教室外边的时候，教室里没有一点声音，我放慢脚步，内心嘀咕：莫非是有其他老师见我迟到了，帮忙看着？我侧着身子悄悄地将头探进教室门，这一看，让我大惊。全班小朋友都端端正正地坐在座位上，连呼吸都是轻轻的。而讲台上，班长小贾一手叉腰，一手举着教棍，虎视眈眈地盯着台下，那威严劲儿绝对不亚于我，难怪孩子们这么听话。

我赶紧走进教室，不仅表扬了全班同学，更狠狠地表扬了小贾，称赞他是一个优秀的班长。

就这样，小贾连着担任了五年的班长，他的地位似乎没有任何同学能够撼动。我也很放心，觉得小贾真是自己的一个好帮手，每年的优秀班干部都非他莫属。

但是，当孩子们进入高年级以后，班里的孩子对小贾的不满越来越多。很多孩子告诉我，小贾喜欢打人，喜欢命令同学帮他做事，更有家长投诉，小贾威胁一些孩子拿零花钱给他，还称之为保护费。

我立刻意识到事情的严重性，找到小贾单独交流。这时的小贾已经长得比我还高了，因为长期得到赞扬，很少得到批评，他显得十分不服气，头高高地昂着，没有一点认错的样子。他还强词夺理地说："都是他们自愿的，我没有逼谁。"

我一气之下，撤掉了小贾班长的职位，重新选了一个女生小萱做班长。小萱没有做过班长，在班里很难树立威信，她感觉很有压力，做什么事都小心翼翼。

而我，也突然感到不适应，很多事情都必须亲力亲为，不像有小贾做班长时那么省心。

再说小贾，一直因为被撤班长这件事情对我耿耿于怀，毕业后的第一个教师节，很多孩子来看我，但我没有见到小贾的身影。

通过这件事情，我也在反思自己的行为，确实有许多不妥之处。我试着向有经验的老师学习，也翻阅了很多班级管理方面的书籍，对于选拔班干部，有了新的认识。

再接新班级时，我开始实施自己的新计划，不再凭第一印象给孩子们"打分"，不再在心里先内定一些"小班干"，而是尽可能地多观察每一个孩子，了解他们的性格特点、优势和弱势。

半学期后，我针对班里孩子的特点，拟出了许多班干部职位，其中不仅包括班长、副班长、劳动委员、纪律委员等传统职位，还特设了许多新职位：电灯管理员、文明监督员、礼仪队长、保洁总监、宣传总监、财务总监、活动执行、板报总编辑等。孩子们听得睁大了好奇的眼睛，不时发出"哇、哇"的惊叹声，然后纷纷议论自己想当什么。

接着，我鼓励每一个孩子在班会的时候走上讲台，应聘自己想做的职位。因为这些职位满足了多数孩子的需求，所以孩子们不再感到班干部是多么难当的角色，几乎都能大方地走上讲台应聘。对个别胆小的孩子，只要我稍做鼓励，他们也会鼓起勇气走上讲台。

每一学期我都会重新改选一次班干部，称之为"班干部大换血"。在我的班里，每一个孩子都可能做班长，也可能做劳动委员。

我努力让孩子们明白：班干部没有大小之分，只有分工不同。班长可以管理不守纪律的同学，小组长也有权管理不交作业的班长。

在这种改革中，我不但感受到了班级积极向上的氛围，我的工作也变得越来越轻松，因为每一个孩子都有自己的职位，都感到自己是班里必不可少的一分子。

但遗憾的是，不是所有家长都能理解这种做法。有些家长还是在潜意识里，将孩子做班干部的事情和自己的面子联系在一起，孩子当班干部了，总觉得是件有面子的事。

小双是个内秀的女孩，喜欢画画，每次竞选班干部她都竞选"板报总编辑"。

每一次，她也总是能顺利胜出，因为她设计的板报经常得到学校大队部的表扬，同学们都很支持她。

有一次，小双的妈妈专程到学校找到我，愤愤不平地对我说："饶老师，为什么我家小双总是当出板报的？她经常回家很晚，还全身弄得脏兮兮的。"

"小双特别会画画，而且有当设计师的天赋，我带您去看看她设计的板报，真的很不错呢！"我带着小双的妈妈来到教室，欣赏小双设计的板报。

看着教室后面黑板上女儿美观的作品，小双的妈妈终于向我敞开了心扉："我也知道女儿在绘画方面很出色，但是老师您知道吗？我是单位领导，你们班小愿的爸爸是我的下属，每次听到他在单位里说'我家儿子这学期当上了班长！''我家儿子这学期当的是学习委员！'我这心里就猫抓似的难受，为什么我女儿成绩比他儿子优秀，却只能做个出板报的呢？"

可见，很多时候，孩子并不在意班干部的职位，反而是家长在意。有的家长还会把一些狭隘的观念灌输给孩子：要做就做班长，做小组长没出息等。

这会让胆小的孩子对班干部产生一种畏惧的心理，让做了班干部的孩子产生互相攀比的心理，扭曲了班干部存在的真正意义。

孩子做不做班干部，做什么班干部，请尽量尊重孩子的意愿。老师和家长，只鼓励不做指定。

对大人来说，只有心甘情愿去做的事情才可能做得更好，何况是孩子呢？如果孩子实在不愿意做班干部，家长切不可骂孩子没有出息、胆小怕事等。

每一个孩子都有自己的性格特点：有的从小喜欢领导他人，有的从小喜欢做实事，还有的从小不愿受约束，喜欢自由自在。长大后，孩子都能找到各自的天地，并不是只有在小学做过班干部的孩子长大后才会有好的前途。

但有一种情况是要引起家长重视的。有的孩子因为非常优秀，在班里担任各种职务，已经超过了他的承受范围，这时，家长有必要及时向老师提出。

小冰上小学三年级，因为各方面都很出色，不仅是班里的中队长，还兼任语文课代表、音乐课代表、美术课代表。每天在学校，要领早读，管理课间操，还要收发语文、美术作业本，当音乐课的领唱，等等。每天回家，小冰都累得筋疲力尽，不想说话。

小冰妈妈看见女儿嘴唇干裂，心疼地问："你在学校没喝水吗？"小冰这才诉苦，下课要管同学有没有扔垃圾，根本没时间喝水、上厕所。

看着女儿日渐消瘦，小冰妈妈终于忍不住到学校告诉班主任那作为母亲的担心。

小冰妈妈说："我非常感谢老师们对小冰的重视和信任，但是有时，看到小冰边做作业边打瞌睡的样子，听着小冰说话沙哑的声音，我这个做妈妈的真心疼啊！"

班主任这才意识到给小冰的任务太重了，完全超出了一个三年

级孩子的承受能力，班主任不仅向小冰妈妈表达了歉意，并且很快调整了小冰的班干部工作，小冰终于可以卸下沉重的包袱，开心上学了！

记得我小学的时候，经常念一个绕口令"班干部管班干部"。不管如何，当班干部在小孩子心中都是一件十分光荣的事情。虽然求学以来，我一直在班里担任班干部，但是当我走上工作岗位以后，我并没有当过领导，只是一个普通的老师，我同样做得很满足。所以，小时候当不当班干部和长大后的工作没有什么必然的联系。当班干部很光荣，当班干部也有点累，当不当班干部，当什么班干部，由孩子自己决定吧！

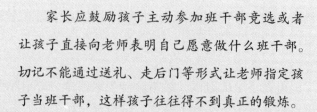

　　家长应鼓励孩子主动参加班干部竞选或者让孩子直接向老师表明自己愿意做什么班干部。切记不能通过送礼、走后门等形式让老师指定孩子当班干部，这样孩子往往得不到真正的锻炼。

　　班主任在设定班干部职位时，不能局限在传统的思维里，要根据班里孩子的特点尽可能多设置一些新颖的班干部职位，让更多孩子都能轻松胜任，为班集体服务。职位多、分工细、职责明，班干部自然也负担轻。

4 爱美的孩子没有错

> 孩子爱美没有错，关键是如何引导孩子正确看待美。适当地爱美有助于培养孩子的自信与气质，有助于孩子与其他小朋友的交往。只要把握好这个度，让孩子从小美美的，有什么不好呢？

有位年轻妈妈对我说："我的女儿才上小学一年级，每天早晨她都会为穿哪件衣服和我争执好久，有时气温明明很低，她非要穿薄裙子，我怕她感冒，不让她穿，她就哭闹着不去上学……我都是不爱美的女人，不知道怎么生了个'妖精'女儿？我该怎么办呢？"

我告诉她，爱美之心人皆有之，只是每个人的强弱程度不同而已。孩子开始爱美，说明他的独立意识萌发了。孩子成了一个有主见的人，家长应该感到高兴才是。孩子对衣服的颜色、式样有自己的喜好，而有时，大人往往以自己的观点左右孩子，孩子不愿服从，这就造成了双方的矛盾。

其实家长完全可以尊重孩子的选择，如果担心孩子感冒，可以给孩子穿一条厚一些的打底裤，或者让孩子在薄裙子外加一件外套。

当然，家长必须带着开心的语气说："这样穿很有范儿，很时尚！"这样孩子就会容易接受。

假若孩子还是不接受，执意想按照自己的想法，父母就任他去尝试，等孩子自己尝到苦头也就明白了。

好多小姑娘都喜欢穿裙子，我小时候也是。那时我们家的经济条件不好，除了夏天有几条薄薄的裙子，其他季节根本不可能穿裙子。看到有同学在春秋季节穿那种毛线织的裙子，我满心羡慕，但又不好意思向妈妈开口要。

有一天，临近四月，阳光明媚，我迫不及待地拿出夏天的薄裙子套在身上，光脚穿着一双凉鞋就去上学了。

妈妈没有干涉我，只是对我说："你这样穿会冷啊！""不会！"我当时穿裙子的兴奋能抵挡住一切寒冷！

果然，第二天我就感冒了，发烧且咳嗽不止，在家里休息了好几天。后来，我再也不敢在不合适的季节乱穿裙子了。

孩子爱美没有错，关键是如何引导孩子正确看待美。鼓励孩子爱美的同时，教育孩子什么是真正的美，告诉他们真正的美必须符合自己的年龄和身份。

适当地爱美有助于培养孩子的自信与气质，有助于孩子与其他小朋友的交往。只要把握好这个度，让孩子从小美美的，有什么不好呢？

和朋友聊天的时候，我经常都会提到我的初中生活，那是我最灰暗的三年时光。

即便我成绩不错还是班上的班长，但是我很少感到快乐。我的班主任老师很优秀也很有经验，但却严肃而古板。

每次看到她我全身的神经都会紧绷起来，生怕自己犯错误。

我从小就很会梳头，喜欢给自己变换各种不同的发型。有一次，我在家里精心梳了好几个小辫再束成一个高高的马尾去上学。

上数学课的时候，班主任老师盯着我看了好一会儿，然后当着全班同学的面说："饶雪莉，你梳这几个辫子的时间能练习多少道数学题啦！"

我在大家的哄笑声中红着脸不敢抬头，觉得头上的几根小辫顿时变成针尖插进了脑袋里。

从那以后，我再也不敢换发型到学校了。

当我做了老师的时候，我也能体会到当年班主任的苦心。但是，我对学生的穿衣打扮绝没有过任何当众的指责，因为我深知，那样会给孩子留下心理阴影。如果学生爱美真的过度了，我也会单独告诉他，并给予一定建议。

我教过一个学生叫可儿，小姑娘长得并不漂亮，两个脸颊总是肿肿的，嘴唇也厚嘟嘟的，男同学总爱叫她"发糕脸""香肠嘴"。可儿报名的那天，她妈妈在家长信息表"父亲姓名"那一栏填了两个字"死了"，下笔狠狠的，把信息表都划烂了。当时，我不知该说什么。后来，可儿告诉我其实她爸爸并没有死，只是和她妈妈离婚了而已。想到可儿妈妈怨恨的表情，我对可儿一直有种怜爱之情。

可儿很爱美，但是却不会打扮，经常把头发梳得乱七八糟，有时还戴些花花绿绿的首饰到学校，同学们爱嘲笑她，但她依然我行我素，觉得自己很美。

有一天上语文课，可儿的同桌举手告状："饶老师，可儿画了眉毛，抹了口红，还涂了指甲油！"
"真是臭美！"
"有一次我还看见她穿妈妈的高跟鞋。"

"你看她的头发像疯婆子！"

"叫人恶心！"

"又丑又笨！"

…………

班里一阵哄笑，后来可儿把头埋在臂弯里呜呜地哭起来。

"继续上课。"我没有发表任何评论，示意大家继续上课。

下课后，我牵着可儿去我办公室，用毛巾把她的脸洗干净，然后从包里拿出一根发圈帮她把散乱的头发扎成一束马尾。

我问她："你平常都是自己梳头吗？"

"嗯。"她点点头，说，"我妈妈一大早就要出去摆小摊，我都是自己穿衣服、自己梳头。"

"那你真能干，像我一样。我从小也很会自己梳头，梳各种马尾，还扎小辫儿呢！"

"那你现在为什么总是披着头发呢？"可儿歪着头问我。

"因为我现在是大人了啊，小姑娘和大人的发型是不同的，小姑娘还是要把头发扎起来，又干净又漂亮！我现在多想回到过去扎辫子的年龄，可惜回不去了！所以，我特别喜欢看你们甩动马尾的样子，活泼又可爱。"

我握着可儿的手，她紧紧地攥着拳头，怕我看见她涂的指甲油。我装作不知，对她说："'美丽'这个词包含的东西太多了，外貌、打扮、学识、涵养……你们在老师眼中都是美丽的，因为你们都很纯真。这个年龄的你们，纯真就是最美的。"

从那以后，可儿再没有打扮得稀奇古怪的来上学了。她的故事也被我写进了儿童小说里，没想到有好多小读者都喜欢这个故事。

孩子开始爱美，家长和老师应该好好利用这个契机，帮孩子树立正确的审美观，让孩子意识到不同的年龄段、不同的场合对美有不同的要求。

不把奢侈当作美，不把炫耀当作美，不把攀比当作美，不把怪异当作美。对学生来说，自然的、清纯的、健康的美才能得到大家的欣赏和赞许。

记得我女儿四岁的时候，有一天，我下班回家，看见她的两个眼圈黑黑的，像大熊猫一样。我吓了一跳，问她："你抹了什么？"她冲进我的卧室拿着一支睫毛膏出来对我晃晃说："这个！"

我哭笑不得，赶紧帮她把脸洗干净，然后带她到我的梳妆台前，给她讲每一种化妆品的不同用法，并让她都尝试一下。她听得津津有味，还不时地问我："妈妈，我什么时候才可以用这些东西啊？"我告诉她："你长大了以后就可以用了。"

"长大是多大呢？"

"十八岁以后吧！"

"为什么现在不能用呢？"

"因为这些东西都含有化学成分，你现在用的话，会伤害你娇嫩的皮肤，会让你提前衰老。"

"哦。"她若有所思地点点头。

后来，女儿再也没有动过我梳妆台上的化妆品。

孩子在成长过程中会遇到各种各样的问题，关键是我们做父母的怎样去引导。孩子正是在一个个问题的出现与解决的过程中才慢慢成长、学会独立面对生活的。

孩子爱美是正常的，大人更要懂得爱美。作为老师，走上讲台面对几十个学生，一定要做到仪容端庄、亲切大方。女老师每天略施淡妆会显得精神焕发，更易得到学生的喜欢，但浓妆艳抹只会取得反效果。

我们学校以前有个女老师，装扮得很前卫，不仅天天涂抹厚粉底，戴蓝色睫毛，还喜欢穿超短裙、彩色长袜。经常有学生在她背后指指点点，称她为"妖精老师"。

有个男生居然夸张地说："要是那个妖精老师来教我们，我就不去上学了！"

　　可见，大人和孩子一样，都应该具有正确的审美观。家长可以常和孩子讨论什么是美，也可以在自己的穿衣打扮方面征求孩子的意见。给孩子买衣服的时候，尽量带孩子一同挑选，并给予搭配的建议。从小培养孩子对美的品味和追求，不仅能改善孩子个人的生活习惯，还有利于他的人际交往，甚至关系到他今后事业的成功。

　　针对孩子的爱美行为，家长首先要以身作则，自己打扮得大方得体，同时要告诉孩子美所包含的种种内涵。不同年龄、不同个性要体现不同的美。如果孩子为了美，提出过分的要求，家长应当果断制止，并告诉孩子制止的原因。

　　家长可借助亲戚、老师的帮助给孩子合理的建议，还可利用孩子爱美的时机提高孩子自我管理的能力，如：让孩子将已有的衣服搭配穿出最好的效果，让孩子对自己的衣服进行清洗、整理、收存等，同时指导孩子在合适的场合做合适的装扮，充分提高孩子的审美意识。老师也可以在班里开展"最美女生""最帅男生""最美家长"等活动的评选，引导学生懂得什么是真正的美。

5 小学生的友谊，
不需要"门当户对"

对小孩子来说，交朋友不需要那么多条件，他也许长相不佳，他也许成绩不好，他也许脏兮兮，他也许傻乎乎……但是，他有让我欣赏的地方，我和他在一起玩得很开心，我喜欢和他分享自己的心事，他——就是我的好朋友！

什么是好朋友？如果你问大人，一百个人会有一百种不同的回答。

有的人会说："好朋友在生活、学习中能够彼此安慰，彼此帮助，互相鼓励，共同进步。"有的人会说："好朋友要建立在一定的社交圈内，必要时可以相互利用。"有的人会说："好朋友可以一起分享快乐，一起承担悲伤。"还有的人会说："好朋友在你幸福的时候不会故意打扰你，在你困难的时候却会向你伸出援手。"

如果你问一个小学生："什么是好朋友？"你猜他们会怎么说呢？

在一项小学生心理研究的调查中发现，对小学生来说，选择好朋友的前三项条件分别是：能和我一起玩；能保守秘密；不会背叛我。

小学生选择好朋友就这么简单，他们不会考虑物质条件、外在形象、利用价值等世俗的东西。反倒是某些大人，用成人的思维看待儿童的世界，把成人世界里的一套功利化的观点套在孩子身上，玷污了孩子纯真无瑕的心灵。

我曾经教过一个学生叫雨蒙，小姑娘不仅成绩优秀，而且长得漂亮可爱，气质出众。雨蒙的父母都是高级干部，对雨蒙的教育十分严格。

小学六年，雨蒙每天上学放学，家长都是风雨无阻地接送。雨蒙从来没有去别的同学家玩过，也没有和同学一起参加过什么活动。即使是班里组织的集体活动，雨蒙的妈妈也要反复询问活动性质、活动地点、由几位老师带队等，才放心把孩子送来。

有一次，我们全班去参观一个民间工艺品展览，雨蒙的爷爷执意要全程陪同，说是因为孩子太多，担心两个老师照顾不过来，想来帮忙。其实，我们都明白，老爷子不放心孙女才是事实。

五年级的时候，班里推选市三好生，雨蒙因为各方面的综合素质都很高，进了候选人的名单。全班无记名投票的时候，雨蒙只得了一票。

小姑娘当即就埋头痛哭。我也很纳闷儿，雨蒙在前几年的类似选拔中，虽说得票不高，但也不至于这样低啊，这里面有什么原因呢？

我在学生间进行了调查，孩子们纷纷道出了对雨蒙的意见。有的孩子说："我们平时在路上叫她，她理都不理，骄傲得很。"

"我和她住得近，有一次，我去她家问家庭作业，她妈妈说雨蒙不在。可是关门后，我明明听到了雨蒙的声音，我还听见她妈妈说'这个女生学习那么差，你不要和她来往'。"小敏说到这里，红了眼睛。

还有孩子说："我觉得和雨蒙在一起，她像白雪公主，我像丑小鸭，觉得自己好像不配和她做朋友一样。"

后来，我找雨蒙单独谈心。

我问她："你在班里有好朋友吗？"

她点点头说："有，是琪琪。"

我想雨蒙唯一得到的那张选票应该就是琪琪投的。

"你为什么会和琪琪做好朋友呢？"我继续问。

"因为琪琪成绩好，和我一样钢琴过了十级，她家也住联排别墅，而且她的爸爸是大学教授，她的妈妈和我的妈妈也是好朋友。"

雨蒙说得似乎非常有道理，可是这哪是小孩子选择朋友的标准呢？

"那你和她做朋友快乐吗？"

"不，我现在不想和她再做好朋友了。"雨蒙突然说。

"为什么？"

"因为选市三好生的时候，她根本没有投票给我！"雨蒙气愤地说。

"咦？你不是有一张选票吗？"我疑惑地问。

"因为是无记名选举，那张选票是我自己投的，所以我知道她根本没选我！"

我耐心地安慰了雨蒙，并且告诉她学生时代的友谊如果精心灌溉，是可以保持一辈子的，也是最值得珍惜的。普希金有一句名言："无论是多情的诗句，漂亮的文章，还是闲暇的欢乐，什么都不能代替无比亲密的友谊。"要想得到真正的好朋友，就要用真心换真心。

雨蒙似懂非懂地点点头，然后说："饶老师，您说得这些很对，可是，我妈妈也说'物以类聚，人以群分'，交朋友要宁缺毋滥，只交有价值的，不交废物。"

那一刻，我真的不知如何回答雨蒙。也许对于成年人来说，这样的交友理念可以获得一些现实的利益，但它未必适合孩子们纯真的世界。

尤其对成长中的小学生来说，即使孩子成绩再好，小小年纪就算计利害得失，丧失了童年应有的天真烂漫，也是非常令人心酸的。

琪琪后来也告诉我："我没有投票给雨蒙是因为我本来就不想和雨蒙做朋友，她骄傲，而且自以为是，和她一起玩，什么都听她的，她才会开心，否则就乱发脾气。要不是我妈妈非要我和她玩，我才懒得理她呢。"

作为老师，我也要经常处理一些类似的事件。

有时候，如果两个孩子长期闹矛盾，家长就会说："叫你别和他玩了，你就是不听！""不准再和那臭小子玩了！"

如果孩子和成绩差的小朋友玩，家长也会说："他成绩那么差，你和他玩什么？多和成绩好的小朋友玩！"……

如果老师图省事，多半也会这样告诉学生："你离他远远的，不理他，不就没有矛盾了吗？"

这样的方法看似解决了问题，却只是暂时的，无形中扼杀了孩子与人交往的能力。孩子有可能变得胆小怕事、唯唯诺诺，也有可能对所有人都产生戒备心理，甚至交不到一个好朋友。

加藤是个胖乎乎的小男孩，长得非常可爱。他的爸爸长年在外地工作，所以，加藤妈妈把所有的注意力、所有的爱都倾注到了加藤身上。

加藤妈妈除了亲自接送加藤，每天都和加藤的老师联系，了解加藤在学校的点点滴滴，她恨不能一天二十四小时都把加藤拴在身边。

为了让儿子不受到一点点"污染"，加藤妈妈不仅成功地让老师把加藤座位周围的同学都换成了班里成绩较好的孩子，还明确地告诉儿子在班里不能和哪些同学玩，只能和哪些同学玩。只要有同学打电话给加藤，加藤妈妈都必须要问清楚对方是谁，一旦不是她锁定的"好孩子"，就绝不让加藤接听。

尽管加藤妈妈如此小心谨慎，加藤在班里还是经常被同学欺负，经常带着小伤小痛回家。加藤妈妈自然非常心疼，多次找到加藤的班主任。

但是，一段时间过后，加藤被欺负的情况依旧。加藤开始有了上学恐惧症，一到上学时间，就说自己肚子疼，找各种理由不去学校。

后来，加藤的班主任老师和加藤妈妈长谈了一次，老师说加藤妈妈对加藤过度保护了。其实，孩子本身是有能力处理人际关系的，父母要放下自己对孩子的过度焦虑，减少对孩子的溺爱，放手让孩子独立解决问题。

老师还说，加藤之所以在班里经常被欺负，其实就是因为很多同学嘲笑他是"幼儿园的小宝宝"，什么事都要问妈妈。

加藤妈妈开始反思自己的教育方式，尝试着对儿子放手，鼓励加藤去交朋友。加藤天真地问妈妈："真的吗？我真的可以和卓刚一起玩了吗？"

卓刚是班里一个比较调皮的孩子，之前，加藤妈妈一直反对加藤和他交朋友。"是的，可以，你的朋友应该你自己选择。妈妈还欢迎你带朋友回家玩。"加藤妈妈说。这时，加藤才告诉妈妈："其实在班里欺负我的同学都是身边那些成绩好的同学，他们都很瞧不起我！"

自从加藤和卓刚成为好朋友以后，加藤不再害怕上学了。周末的时候，卓刚也会到加藤家里来玩，通过观察，加藤妈妈发现，卓刚虽然调皮，但是头脑灵活，幽默，对长辈也很有礼貌，还真是个不错的孩子。卓刚还拍着胸脯对加藤妈说："阿姨，您放心，现在大家都知道我是加藤的好朋友，没人敢欺负他了！"

友谊，对于小学生来说，是极其重要的东西。一个长期没有朋友的孩子，他的内心必定是孤独的，同学也会把他视为异类。长期下去，一定会出问题。如果你的孩子总是闷闷不乐，从来不提学校发生的事情，对上学没有热情，也没有同学找他玩，那么他在人际交往上一定遇到了问题，父母除了关心孩子的吃穿、成绩以外，在孩子的交友上，适当的时候，也要帮忙推一把！

孩子的生活圈本来狭小，父母需要花时间参与孩子的生活，帮助他们学会交朋友。

平时，多和孩子交流学校发生的事情，可以从孩子的言谈中知道孩子有没有好朋友。如果孩子有好朋友，可以让孩子邀请好朋友到家里来玩，父母热情款待；还可以和孩子好朋友的家长联系，定期带孩子一起聚会，或者去郊外野餐等。在这些活动中，孩子、家长间都有共同的话题，是孩子和家长都受益的事情。

如果孩子没有好朋友，也不必着急。家长首先可以变身为孩子的朋友，陪孩子一起玩乐，在玩的过程中，潜移默化地教给孩子处理人际关系方面的知识，让他们了解如何跟朋友分享、合作等。当孩子懂得了正确的交往方式后，家长可以带着孩子多参加一些不同类型的活动，让孩子在活动中接触更多的人，家长再慢慢放手，鼓励孩子主动与人交往。

小学生都处在可塑阶段，这个时期的孩子没有所谓的十恶不赦的大坏蛋。对"问题小孩"，如果老师和家长能够耐心引导和帮助，他们都能和同龄孩子一样走上健康成长的道路。

　　作为老师，更不能因为班里有个调皮的、不好相处的学生，就命令大家孤立他。有智慧的老师不是教孩子们不要和谁玩，而是教孩子们该怎样和谁玩。

　　有个小读者的父亲杨先生在谈到孩子教育问题的时候，给我讲了他自己小时候的故事。

　　我小时候非常调皮，只要别人稍微惹我一下，我就会跳八丈高。班里的同学大都挨过我的拳头，老师也对我无可奈何，认为我是班里的"祸端"，把我赶到教室的最后一排，挨着"卫生角"，一个人坐"特殊座位"。那时上课，我喜欢把脚支在课桌上，或者旁若无人地摇晃板凳。无聊的时候，我会把语文书上的插画涂得一塌糊涂，有时舞弄卫生角的扫帚，有时也悄悄从后门溜出去玩。在班里，我没有一个朋友，所有同学在我眼中都是敌人。

　　六年级的时候，我们班换了个班主任，她四十多岁，姓江。江老师的到来可以说改变了我的一生。我记得江老师上课的第一天特意走到卫生角，她问了我的名字，还看了看我的语文书，笑着对我说："你的字写得挺漂亮，画也画得不错，是个出板报的好手！"我当即大惊，我乱画一气的东西居然还被表扬！全班同学都回过头看我，我一时不知所措，但内心是欢喜的。

有一天，当我习惯性地从后门走进教室的时候，我发现我的座位不见了。我疑惑地站在卫生角边，江老师在讲台上向我招招手，示意我上去。我拖着步子故作不耐烦地走到她身边，她对着全班同学说："为了班里的整齐，从今天起，班里不再设'特殊座位'，阿杨同学将坐到同学们中间，不知道谁愿意和他同桌呢？"当时，我觉得很难堪，因为我知道，班里不会有一个同学愿意和我同桌，他们都被我打过，都是我的敌人。

我紧紧地握着拳头，想着下一步该怎么做，是甩开江老师放在我肩上的手，还是干脆冲出教室？

令我无比惊讶的是，全班四十多个同学全都举起了手，笑盈盈地看着我，我真怀疑他们脑子出了问题。江老师说："这么多同学都愿意，让阿杨难以选择啊。这样吧，你们每个人说一个原因，谁说的话最能打动阿杨，谁就和阿杨坐同桌。"

"我觉得阿杨很酷，像个男子汉！"

"阿杨会画画，我想跟他学习。"

"阿杨跑步跑得特别快，我想跟他比比。"

"阿杨很聪明，虽然他经常不交作业，可是他的成绩还是不错的！"

"阿杨不爱笑，如果他和我坐的话，我会逗他笑的。"

…………

同学们一个个举手发言，从没在学校流过泪的我使劲埋着头，泪水大颗大颗地往下滴。很多年以后的小学同学会，同学们才告诉我当年江老师特意避开我给全班同学开会，让大家列举我的优点，有同学说："阿杨，我当时可是绞尽脑汁也没想出你有啥优点，最后只好说你长得比较帅。"

"是啊，江老师还要我们保密，不准告诉你！"

"我那时真不懂，为什么江老师要对你那么好，现在我自己有了孩子，我懂了。"

…………

杨先生说到这里，不禁红了眼眶，他说经过那次换座位的事情，他不再把每个同学都当作敌人，也明白了你对大家好、大家才会对你好的道理。

现在杨先生已经成为一家杂志社的主编，他不仅和学生时代的好朋友还有着密切的往来，每年春节，他还要带着儿子去家乡看望江老师。

他每次都会告诉儿子："虽然江老师只教了我一年，但是我觉得她教了我一辈子。"

不管是大人还是小孩，每个人都需要朋友。也许，对大人来说，交朋友是件很复杂的事，有时需要"门当户对"，有时需要"利益交换"，但对小孩子来说，交朋友不需要那么多条件。他也许长相不佳，他也许成绩不好，他也许脏兮兮，他也许傻乎乎……但是，他有让我欣赏的地方，我和他在一起玩得很开心，我喜欢和他分享自己的心事，他——就是我的好朋友！

我们切不可形成这样的思维定式：与成绩差的孩子交朋友必然影响成绩；与"问题小孩"交朋友，孩子也会出现"问题"；与优秀生交朋友有利于提高成绩；与乖巧的孩子交朋友，孩子也会变得乖巧。这其实是一种偏见。你的孩子相对于更优秀的孩子也算是"差生"，你的孩子在别人眼中也会有这样那样的"问题"，那么人家怎么会跟他交朋友呢？如此类推下去，将得到可怕的结论。

不管家长喜不喜欢孩子的好朋友，都应该真诚对待他们。每一个孩子都有他的优点和缺点，作为成年人，我们要带着善意看待孩子的朋友，要引导孩子学习朋友身上的闪光点，同时，也要鼓励孩子用友谊的力量改变对方的缺点。另外，也不必要求小学阶段的孩子有太多的朋友。如果你的孩子有一至两个非常要好的朋友，说明他的交往能力已经够强了。家长要帮助孩子加深与好朋友的友谊，这比要求孩子只与班上最优秀的同学成为好朋友更为有益。

6 走进孩子的心，从共同的爱好开始

要想走进孩子的心，和孩子坦诚交流，首先要找到和孩子共同的爱好，从爱好开始，是最便捷也是最轻松的方式。

每一次，我和家长朋友交流的时候，总有家长会说："我觉得孩子和我没话说呢！""和孩子说话，他经常都爱理不理的。""好像孩子越长大越和我生分了。"……

当家长有这样的感觉时，你应该意识到，你和孩子之间已经有了距离，如果你不重视，这距离将会越来越大，直到有一天，孩子会彻底对你关上心门。

孩子在成长，成长的每一天都有微妙的变化，很多孩子到了青春期就变得难教育，变得捉摸不透，脾气古怪，家长往往会宽慰自己说："是因为孩子到了青春叛逆期了。"其实，很多青春期的问题都是在青春期之前埋下的，只不过因为那时，多数孩子即便是有不满情绪，也只会埋在心里。但孩子一旦进入初中，他的自我意识更加强烈，内心积聚的不满越来越多，无处释放，对父母和老师的抵触情绪也就产生了。

如果在孩子的小学阶段，父母能和孩子建立起一种平等的相处方式，能让孩子在父母面前敞开心扉、放松心态，那么孩子就能平稳度过青春期。

我教过一个学生叫小龙，上学放学的路上，我经常会见到小龙的妈妈牵着小龙的手。小龙妈妈年轻漂亮，和小龙一样，眼睛又黑又亮，见到我也总是很热情地打招呼。

有一次，小龙到我办公室交作业，我无意中说："小龙，你妈妈真漂亮。"他沉默了三秒钟，突然说："她不是我妈妈。"说完，飞快地跑出了办公室。

我一时愣住了。

后来有一天，小龙的妈妈来到学校找我，她告诉我，她姓俞，是小龙的后妈。我这才明白，为什么小龙要那么讲。

"可是小龙长得很像你啊！"我不由得说。

"是的，很多人都这么说，可能这就是缘分吧！"小俞随即叹了口气，说，"我和小龙爸爸结婚后，我也不打算再要小孩了，就把小龙当作我自己的孩子。可是，我对小龙再好，小龙还是不肯接纳我。饶老师，小龙很喜欢您，您能不能帮帮我，让小龙接纳我呢？"

"小龙才上一年级，走进这个年龄孩子的心，相对来说，应该是比较容易的。既然您决定把小龙当作自己的孩子，我相信一定有办法让小龙感受到您对他的爱，先不急于让孩子叫您妈妈，先让孩子喜欢和您交流，这是第一步。"我说。

"怎样让孩子喜欢和我交流呢？平时，他一回家就做作业，做完作业我给他检查。然后他就看电视，我做晚饭。等他爸爸回来，一家人吃完饭，休息一会儿洗洗就让他睡了。我们除了日常生活上的交流，好像真没什么可说的，而且小孩子的心思，我也不是很明白。"

"您知道小龙平时喜欢做什么吗？"我问小俞。

"喜欢看漫画书吧！"她想想说。

"那就从这一点开始吧！"

小俞回家后，按照我给她的建议开始试着走进小龙的心。她买了一些漫画书，回家后，并没有直接交给小龙，而是自己坐在沙发上津津有味地看起来。

小龙自然很好奇，主动走上去问："俞阿姨，你也喜欢看漫画书吗？"

"是啊，我最近才发现这些书可真有趣！"小俞说。

"最有趣的是这本！"小龙得意地从中挑出一本递给小俞，"看 32 页，笑死人啦！"

小俞接过来，按照小龙的介绍看完后，笑得前仰后合，快乐是传染的，小龙看着小俞这么开心，不禁也哈哈大笑起来。

当小俞给我讲到这一幕时，我眼前就立刻浮现出那快乐的场景。小俞还说："现在，我和小龙有专属的看漫画时间，就是在小龙做完作业吃晚饭之前。小龙爸爸只好每天早早回家做晚饭啦！不过，当他看到我和小龙的关系越来越融洽，他也挺开心的，他说累一点也值得！"

"虽然我的妈妈不是我的亲妈妈，但是我很喜欢她，她长得漂亮，又喜欢和我一起玩，我在家里再也不会觉得无聊了。我现在叫她俞妈妈，我很开心。"小龙写的周记，满溢着幸福。

兴趣爱好，是孩子学习的第一老师；兴趣爱好，也是大人和孩子建立亲密关系的一把金钥匙。在一个家里，和孩子最亲密的那个人，往往是和孩子相处最多、交流最多的人。而孩子，也最愿意把心事告诉这个人。

每个孩子都有自己的爱好，有些爱好会遭到家长的反对，造成亲子关系紧张，甚至发生冲突。但真正聪明的家长会利用孩子的爱好，拉近和孩子之间的距离。

我在一次家长座谈会上，让家长畅谈自己的教育心得，和大家分享。晓波妈妈的讲述让所有家长都受益匪浅。

"晓波以前最喜欢玩电脑游戏，每天回家草草做完作业就打开电脑玩，我一训他他还威胁说不让他玩电脑他就不上学了，有时我恨不得把电脑砸了！我怕晓波的视力受损，更怕他有了网瘾戒不掉。为这事，我经常责怪晓波爸爸，怪他没事和孩子玩游戏，不管教孩子。晓波爸爸问我：'你知道晓波玩的什么游戏吗？''我不需要知道。'我气愤地说。'那晓波平时给你讲他的心事吗？''他平时见到我像仇人似的，话都不想跟我说。反正在家里你扮好人我扮恶人，你满意啦！'我越说越生气。后来，晓波爸爸认认真真地跟我长谈了一次，他让我改变和儿子的相处方式，试着和儿子一起玩游戏，说不定会有新发现。虽然我很不情愿放下妈妈的架子，但也答应晓波爸爸试一试。于是，晓波玩游戏的时候，我没有再大呼小叫地制止他，而是走到他身边，装作很有兴趣地看他玩。起初，他并不理我，还会轻蔑地问：'看得懂吗你？'我也不生气，笑呵呵地说：'看不懂你教我呗！'后来，他见我在一旁待着无聊，也会主动地说：'你想玩就告诉我，我可以找双人的游戏，我们一起玩。'就这样，我开始和孩子一起玩游戏了。

"不玩不知道，一玩我还真发现了游戏的乐趣，而且有很多游戏不仅要眼疾手快，还要开动大脑，不是我当初想的全是打打杀杀毫无意义的东西。因为每天玩共同的游戏，晓波跟我说的话也越来越多了，有时我也故意转移话题，让他谈谈在学校发生的一些事，他也乐意跟我讲。而且，我们还约定了玩游戏的时间，每天家里三个人，每人轮流玩半个小时。晓波很愿意遵守这样的规则，他玩的时间结束后会主动离开电脑让给我或者他爸爸。而晓波就会去看看书，做点其他感兴趣的事情。这样的方式，比我当初呵斥他不准上网效果好多了。"

晓波妈妈的发言结束后，会场响起了热烈的掌声。确实，很多时候，换一种方式和孩子相处能得到意想不到的效果。孩子觉得你和他有共同的兴趣点，他也会和你达成更多的共识，从而认同你的观点，乐于服从你的安排。这和孩子在强制下的服从是完全不同的。孩子长期在强制下妥协，内心会积聚很多的不满，这种不满总有一天会爆发，会带来严重的后果。

想走进孩子的心，先找到那把打开孩子心灵的钥匙吧！看孩子喜欢的书，玩孩子喜欢的游戏，看孩子痴迷的动画片，听孩子爱听的歌……孩子一定会把你当作他最信任的人，向你敞开心扉，无所不谈！

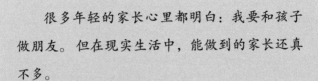

很多年轻的家长心里都明白：我要和孩子做朋友。但在现实生活中，能做到的家长还真不多。

想真正做孩子最信任的朋友，应从心底放下家长的架子，把自己当作孩子，和孩子一起长大。因为只有你们始终站在同一个高度，才能对话，才能做朋友。家长要充分了解孩子的兴趣爱好，多和孩子互动游戏，遇到问题一起商量解决，不要总是以过来人的身份讲道理。有时，家长还可以适当向孩子请教，请孩子帮忙，甚至撒娇，让孩子觉得与父母没有距离。有和睦稳定的家庭气氛、幽默智慧的父母才能培育出健康向上的孩子。

第四章

家校沟通
避免伤害

1

当心家里有个
"两面派"

如果孩子从小就会伪装自己，在学校和家里判若两人，长大以后，当他们走进社会，面对更为复杂的人际关系，他们会越来越迷失自己，找不到确定的方向，内心会变得迷茫而痛苦。

力克是我教过的一个学生，小家伙长相帅气，见到学校里的每个老师都礼貌地问好，对同学也十分友好。更关键的是，他还懂得谦让。

一年级的时候，班里有个同学的椅子坏了，这个同学只有站着上课，力克看见了，主动把自己的椅子让给那位同学，还笑嘻嘻地说："没事，我就喜欢站着。"

好多老师都对我说："饶老师，我最喜欢你们班那个叫力克的男生，特别尊敬老师，嘴巴甜，又爱帮老师做事，特别能干！"

听到其他老师的赞美，我也为班里有这样一个学生感到骄傲。

有一个周末，我去逛街，走到一个巷口，看见一群人围着看热闹。我走近一看，居然是力克和他的奶奶，力克边哭边骂，对他奶奶又踢又踹，嘴里说出的全是一串串的脏话。

力克奶奶站在一边，简直无可奈何。旁边的人都在斥责力克的行为，力克全然不理。

我实在忍不住拨开人群走到力克身边，力克一见是我，立刻收住了脚，停止了大哭，只是倔强地站在一边，恶狠狠地盯着他奶奶，大口喘着气。

这个力克和我平时在学校看见的力克分明就是两个孩子，真让我难以置信。

后来一问，才知道原来是因为力克的奶奶要着急回家做饭，不愿意陪力克去商场买玩具，力克就在街上对奶奶大发脾气。

力克的奶奶向我诉苦："老师，我每次去学校，老师们都说力克是乖孩子，可是他一回家，就原形毕露，稍不顺心，就发脾气，现在的小孩真难管啊！"

很多家长都有这样的感觉，自己的孩子活脱脱就是一个"两面派"：有的在学校乖巧听话、表现良好，一回到家就"原形毕露"，甚至"无法无天"；有的在学校沉静内向，胆小怕事，在家却活泼外向，热情奔放；有的在学校生活自理能力很强，凡事乐于自己动手，可在家里却什么活都不干……

这个问题在现在的孩子中普遍存在，但有些老师和家长觉得这不是问题，孩子只要在学校表现得好就没什么大不了。这样的心态是很危险的。

如果孩子从小就学会伪装自己，在学校和家里判若两人，长大以后，当他们走进社会，面对更为复杂的人际关系，他们会越来越迷失自己，找不到确定的方向，内心会变得迷茫而痛苦。

孩子在学校和在家里的表现截然不同，除了有他自身一定的因素，是由家庭、学校两种不同的教育环境造成的。

孩子在学校表现好，是因为学校对孩子有明确具体的要求，孩子遵守了这些要求就会得到老师的表扬、同学的肯定；而且学校孩子多，有什么事情，老师不能包办，孩子必须自己去完成，所以孩子不可能对老师有那么强的依赖性。但是在家里，有些家长会觉得孩子快乐成长就好，不必束缚，有什么事情也尽量帮助孩子完成。

孩子在家是核心成员，往往有特殊待遇；在学校，只是普通成员，没有特殊照顾。这特殊与普通的角色转换，自然让孩子表现不一。

因此，家庭、学校教育保持一致很关键。

如果孩子在学校表现良好，乖巧听话，什么事情都自己完成，说明他在家里也是可以做到的。家长可以从老师那里了解孩子在学校的具体情况，也可以向老师反映孩子在家的情况，让老师配合家长的教育。当然，家长千万不要当着孩子的面向老师反映孩子不好的行为，这样会挫伤孩子的自尊心，对教育不利。

后来，力克的妈妈主动找到我，告诉我力克在家里确实表现得很不好，不但不尊重爷爷奶奶，而且非常以自我为中心。有时全家一起看电视，力克要去上洗手间，他就要把电视关了，等到他回来，再打开电视和大家一起看。若是家里来了小朋友，力克不准小朋友碰他的玩具、吃他的零食，非常自私。

"老师，我之前没有告诉您这些是因为每次到学校，都听到大家表扬力克，我顾及面子，也不想说孩子的不是。但是自从上次他奶奶回来告诉我在街上碰到您的事情，我和力克爸爸一商量，还是决定向老师坦白，请求帮助，孩子这样做'两面派'确实不是好事。"

我和力克妈妈进行了认真的交流，达成了共识，一定要尽量让力克在家和在学校的表现保持一致。

我首先找到力克，和他谈心。

"力克，那天我在街上碰到你对奶奶发脾气，我知道那是你实在控制不了自己的情绪，其实你内心还是很爱奶奶的，是吗？"我问。

力克有些惊讶，随即点点头，说："是的，我就是想去买玩具，奶奶本来答应了后来又说晚了不带我去。"

"奶奶没有遵守承诺确实不对，但是不管如何，你作为晚辈，对长辈要有起码的尊敬，你可以向奶奶提意见，但绝不可以用愤怒的方式解决问题。况且，你在学校是个人见人爱的好孩子，又懂礼貌，又会谦让，又是老师得力的助手，我希望你在家里也一样。"

力克咬着嘴唇，没有说话。

我拍拍他的肩膀说："从今天开始，我希望力克做一个真正的男子汉，在学校和家里都是最棒的孩子，到时候，我带着同学去你家玩，向你学习。"

"老师，你真的会来吗？"力克眼里闪着亮光。

"那当然，谁能做大家的榜样我就去谁家。"我点点头。

同时，力克的父母也开始反思自己的行为。以前，因为力克成绩好，他们作为家长就忽视了对孩子其他方面的教育，过多地赞美孩子，娇宠孩子，导致力克在家里任性、自私和霸道。再加上每天力克的妈妈送力克上学时，总会说："在学校好好表现哟，让老师喜欢你！"这就给孩子造成了一个错觉：只要我在学校表现好就可以了，回家可以"为所欲为"。

家长应该这样告诉孩子："不管在学校还是在家里，你都要做一个善良正直、懂礼貌、有责任心的孩子。"当孩子在家里"为所欲为"的时候，家长一定不能以孩子在学校表现还不错为理由，放任孩子的行为，学校教育和家庭教育分离，孩子的一些不良习惯在学校被扼制，在家里却继续被放任，最终将导致教育的失败。

佳佳也是个"两面派"的孩子，但是她和力克的表现完全不同。这小姑娘平时在学校不怎么吭声，好静，显得胆小拘谨。有一天，我看见她额头上顶着一个大包到学校，我关切地问她："你在哪儿摔的？"她红着脸小声地对我说："在街上绊倒的。"

可是，下午，佳佳的妈妈来接孩子的时候告诉我："佳佳在家里可调皮了，昨天坐在小区的楼梯扶手上往下滑，一不小心摔倒在地上，磕伤了额头。"

"啊？"我大吃一惊，说，"佳佳在学校走路都小心翼翼的，生怕有人撞到她！"

"老师，她胆子大着呢，在小区里，是所有孩子的头儿，大大小小的孩子都听她的，她总是带着那些孩子满世界疯跑。"佳佳妈妈笑着说，"我们就怕她到学校闯祸，所以经常告诫她，你在学校要听老师的话，你要是犯了错误，学校就会开除你，到时你就只能去街上捡垃圾，所以她就不敢在学校调皮！"

很多时候，孩子成为"两面派"，家长是脱不了干系的。家长都希望自己的孩子在学校表现好，这可以理解。但不能因为这样，就教孩子伪装自己，戴着面具生活，或者恐吓孩子，让孩子辛苦地扮演父母愿意看到的那个角色。

还有些家长在谈话中不回避孩子说一些人情世故的话，或是做些人前一套人后一套的行为，孩子耳濡目染，也因此学会了在不同的人面前有不同的表现，在家一套在学校一套，使得他们原本单纯的世界变得不再单纯。

我同事李老师班上有个孩子叫月月，这个小女生很讨李老师喜欢，因为她嘴巴极甜，又会看老师脸色行事。每天帮李老师拿教科书回办公室，经常对李老师说："李老师，我最喜欢上语文课，我真希望每天六节课都是语文课，数学课好无聊啊。"李老师也总是被她逗得很开心，称她是老师的贴心小棉袄。

有一次，我去数学办公室，看见月月也在那里，正给他们的数学老师交作业，数学老师说："月月，你们平时喜欢上我的课吗？"月月说："当然喜欢了，我最喜欢上数学课，语文课听得我想睡觉。"

我当时就觉得，这小姑娘并不单纯。

后来有一天，月月的爸爸带着月月来办公室给孩子交费，李老师不在。我说："家长，请您先等一等。"月月的爸爸问我："饶老师，您就是那个写书的饶老师吧？"

我不好意思地点点头。月月的爸爸极热情地说："我们家月月回来经常说学校有个会写书的老师，长得漂亮，课又教得好，问我为什么没有把她送到你们班上。月月特别喜欢您，如果您是她的老师就好了！我们家月月真没福气。"

"别这么说，李老师挺好的！"我只好这样回应道。

过了一会儿，李老师回来了，月月爸爸边给孩子交费边说："李老师，我女儿每天都在家里说李老师如何如何好，说您是全世界最好的老师，孩子能在您班里读书，真是她的福气！"

李老师自然是高兴得合不拢嘴。

可是，虽然月月很讨老师喜欢，但是在班里却没有一个好朋友，我经常看到她上学、放学的时候都是独来独往。李老师有时也会在办公室念叨："月月这孩子真可爱，可是班里的同学好像不怎么喜欢她，这种可爱的孩子都遭人嫉妒吧！"

我真想对李老师说，可爱的孩子人人爱，如果大家都远离她，说明不是大家的问题而是她的问题。

虽然说在纷繁复杂的世态中，人们有时难免需要圆滑处世，但

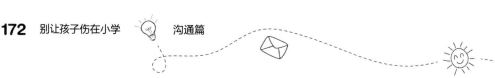

想真正获得快乐平和的生活，还是要做真实的自己，只有这样才不会在纷繁世界迷失方向、迷失自我。希望每一个孩子都是真实的自己、完整的自己、统一的自己、独特的自己，无论走到哪里，都能书写自己独一无二的人生。

饶老师温馨提示

　　我们应该引导孩子学会为他人着想，心中有他人，但这绝不是为了取悦他人而伪装自己，或者为了达到某些目的而辛苦地扮演"两面派"，做自己不情愿做的事情。

　　家长没有必要刻意去教孩子说什么话、做什么事情讨好老师，更不要借用老师的威严恐吓孩子，让孩子在学校放不开。

　　老师也要多关注那些默默无闻的孩子，有些孩子虽然嘴里没有甜言蜜语，但是内心却是十分善良美好的，需要老师的肯定与赞扬。

　　家长和老师平时都要注意自己的言行，时时提醒自己是孩子的表率，无论在哪里，无论遇见谁，都要尽量做到表里如一、言行一致，给孩子正确的引导。学校和家庭应该统一教育思想，对孩子的教育口径保持一致，别让孩子从小就"人格分裂"。

2 小心!
孩子也会利用老师说假话

> 现在的小孩很聪明，经常一句"我们老师说的……"就堵住了家长的嘴。老师便成了最好利用的王牌。孩子利用老师说谎，家长也要仔细思量。

　　小杰家里有集邮的习惯。有一次，小杰爸爸发现一本集邮册不见了，问小杰看见没有，小杰说："我送给班主任秋老师了，她说她很喜欢集邮。""秋老师收了？""嗯，还说谢谢我呢！"虽然小杰爸爸很心疼，但一想到秋老师平时对孩子很好，工作也很负责，就想算了吧，只要老师高兴，一本集邮册也算不了什么。后来有一天，小杰爸爸在街上偶遇秋老师，闲聊之间，谈起爱好集邮的事情，秋老师说："我没有集邮的习惯啊，对邮票不太了解。"小杰爸爸十分惊愕，本来不好意思问，但还是厚着脸皮提起了那本集邮册，秋老师的脸一下子通红，连连摆手说："我可没有收过集邮册，再说，我怎么会向学生要这么贵重的东西呢？"

小杰爸爸简直气疯了，回家就揪住儿子狠狠地修理了一顿，原来这家伙竟然偷偷把集邮册拿去二手市场上低价卖了，然后买了一大堆网络游戏的装备。小杰爸爸却浑然不知，而且事情过去了那么久，想追回那本集邮册也不太可能了。小杰爸爸真后悔，当初不该相信孩子的话。可是儿子一向不说谎，这次怎么会利用老师说假话呢？

我的妈妈退休前也是一位优秀的教师，她经常会把她的一些宝贵经验传授给我，我记得有一条就是：对小孩子要"一哄二骗三诈"。在我教第一届学生的时候，这一招还比较管用，学生只要撒谎，我就说"带你去公安局用用测谎仪"，他们立刻就会坦白一切。但是到了第二届学生，这一招已经不怎么管用了。而对这样的小学生，这一招彻底失效。这些孩子撒起谎来面不改色心不跳，除非你能实实在在地拿出证据，否则你别指望"一哄二骗三诈"对他们有用。难怪老师们都感叹："现在做小学老师真不容易，必须身兼数职：教师、保姆、财会人员、心理咨询师、侦探……"

这也从另一个侧面告诉我们：别小看现在的孩子，他们真的是太聪明了！

小杰这样的孩子能想出这样的谎言，说穿了就是算准了家长不好意思去向老师求证，事实上家长们也是这样做的，才落入他们的"圈套"。

有些家长总认为自己的孩子很乖，从来不撒谎，对孩子说的话百分之百地信任。信任孩子本来没有错，可是也要分清楚是什么事情。

在我看来，没有不说谎的孩子，再乖的小孩也有说谎的时候。尤其利用老师说谎，更不会让别人怀疑。

淼淼是一个一年级的小女生，长得眉清目秀，很受班主任明老师的喜欢。淼淼悄悄对同学们说："明老师就是我妈妈。"这让同学们都羡慕不已。有时淼淼还当着全班同学的面叫明老师"妈妈"。明老师想到有些一年级的小孩喜欢这样叫老师，也没有否认。其实，淼淼的妈妈常年在外地做生意。有一天，淼淼的妈妈从外地回来，接她放学。淼淼的同学看见了这位陌生的阿姨，全都大叫："你不是淼淼的妈妈，明老师才是淼淼的妈妈。"淼淼的妈妈不了解事情的真相，还以为明老师是第三者，气得不得了。后来，淼淼爸爸赶到学校，才解释清事情的真相。明老师知道后哭笑不得，问淼淼为什么撒谎，她天真地说："我就是喜欢同学们羡慕我。"

孩子利用老师对同学撒谎，无外乎就是希望被羡慕、有面子。而孩子利用老师对家长撒谎，往往有两个原因：一是希望得到家长的赞许，二是希望掩盖自己的错误。

我曾经教过一个小孩叫小路子，除了学习不好之外，什么都讨人喜欢。他有礼貌，有爱心，爱劳动，守纪律，就是每次考试都不及格，有时甚至只考一二十分。他爸爸十分着急，对他的学习很关心。有一次，小路子考试终于及格了，得了六十几分，我在班里表扬了小路子，并鼓励他继续加油。后来开家长座谈会，小路子的爸爸特意留下来和我交换意见。他很激动地说："饶老师，多亏你那次在班里鼓励小路子，他现在学习比以前进步多了！他还说你要选他做学习委员呢！"

　　一旁的小路子脸红到了脖子根，使劲拉着他爸爸走。我当然明白原因，因为我那次表扬小路子并没有说要选他做学习委员，他撒谎了。但是我没有拆穿小路子的谎言，而是说："是啊，小路子，你好好加油，争取早日当上学习委员吧！"

　　小路子开心地对我笑了。

　　如果孩子回家说了这样的话，不管是真是假，家长大可不必在意，更不要将其放大，一笑而过就是。但如果是关系到金钱、利益、矛盾冲突，哪怕和老师有关，家长也要在孩子的话前打一个问号，仔细思量一下它的真实性。

　　我班上有个孩子，叫小丁。有一次，他回家告诉爸爸："饶老师说明天每人带一百元钱去学校捐款。""捐什么款？"爸爸问。"我们学校有个同学得了白血病，大家都要捐款帮助他。"小丁的爸爸一听是助人为乐的好事，想也没想就给了他一百元。

后来，有同学向我举报，说小丁带了很多钱在学校门口买玩具。我知道小丁的父母平时不给他零用钱，所以找到他追问钱的来历，小丁支吾着解释不清。我让他回了教室，随后给他爸爸打电话询问，小丁的爸爸一听说没有捐款这回事情，十分愤怒地说等小丁回家后要狠狠地教训他。我当然不赞成小丁爸爸这样做，并且告诉他应该如何正确地处理这件事。

其实在这件事情上，小丁的爸爸也有很大的责任，他对孩子的话没有仔细地分析。孩子既然说是捐款，哪有捐款会规定学生必须带上一百元的？小丁的爸爸如果先打电话问问老师这件事情的真实性，孩子的谎言就不可能得逞了。

我在新闻报道里还看到过这样一个故事。有一个小学五年级的女生因为迷恋网吧，隔三岔五以各种理由逃课，最后被老师发现了，老师将她喊到办公室问她原因，并且通知她第二天请家长到学校来。

这个女生在回家的路上狠狠扇了自己两个耳光，然后对妈妈说是老师打的。妈妈很是气愤，当即找到当地媒体，要告女儿的班主任和学校。班主任老师十分无辜，她从头到尾没有对这个女生动过手。

但是这个女生硬说班主任在办公室打了她耳光，妈妈坚信女儿没有撒谎，非要讨个说法。还好，这所学校的办公室里有监控录像，最后调出录像来看，老师确实没有打学生，这场轰轰烈烈的风波才算平息。

这个女生后来接受采访时说，之所以冤枉老师打她，是为了让妈妈忽略她逃学的事情。

如果这位母亲当时能够冷静下来分析一下孩子的话，或者多问几个问题，再或者到学校了解清楚事情的真相，就不会弄出这么一场闹剧了。

家长发现孩子利用老师说谎时，首先要克制自己的情绪，不要用简单粗暴的态度责骂孩子，更不可当着老师的面拆穿孩子的谎言，伤害孩子的自尊心。家长应找到孩子撒谎的原因，告诉他不能这样做的理由。

其次，家长要善于和孩子交心，让孩子知道每个人都有犯错的时候，甚至可以将自己曾经做错的事告诉孩子，让孩子知道犯错并不可怕，可怕的是为了掩饰一个错误，犯下更多的错误。

家长也可以明确地告诉孩子："犯了错一定要如实告诉我们，只要说了实话，我们就不会骂你。"当然，说到一定要做到，如果做不到，孩子对你的信任就会荡然无存。

"这是我们老师说的……"当孩子举出老师这张王牌时，家长应该静心分析孩子的话，如果是天真的、无关紧要的谎言，家长大可不必拆穿孩子；如果关系到金钱、利益、矛盾冲突，家长就不能轻易相信，应该明确告诉孩子："那我问问老师。"并且说到做到，让孩子没有撒谎的机会。

当发现孩子利用老师撒谎，家长不必责骂孩子，应认真地对孩子说："老师告诉我们事情不是这样的，也许是你弄错了，下次请认真听清楚老师说的话。"孩子见没有空子可钻，自然不会再利用老师说谎了。

3 注意！
小学生早恋也可能越轨

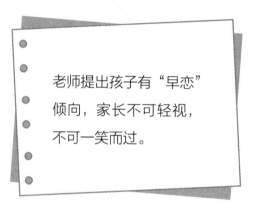

老师提出孩子有"早恋"
倾向，家长不可轻视，
不可一笑而过。

老师通知朱女士到学校，严肃地告诉朱女士，她的女儿有"早恋"倾向，要他们重视这件事。老师还拿出她女儿写给某位男生的信件给朱女士看，说是"情书"。朱女士看了那封所谓的情书，大多也只是偶像剧里面的对白。朱女士觉得，女儿才小学六年级，不过是闹着玩，事情没有老师说的那么严重，老师真是小题大做。

其实，每个年龄段的孩子都会对异性产生好感。现在就连幼儿园的孩子回家也会对家长说："我喜欢班里的某某同学。"这是因为孩子们看的偶像剧多了，听的流行歌多了，很自然会模仿其中的一些情节，把这种"爱"当成一种娱乐，或者说是游戏。小学三年级以后，孩子们津津乐道的话题，除了电视、电脑游戏、明星，就是与异性同学的关系了。

小学老师都会有这样的经历：有时在班里抽学生到黑板前做题，抽到某位男生和某位女生时，班里突然一阵起哄，两位同学也非常不自然。老师立刻明白是怎么回事了。由此可以看出，这些所谓的"秘密"是孩子们很感兴趣的话题之一。遇到这种情况，多数老师都会装作不懂，整顿纪律后重新上课。

但作为班主任，有时候就不能不管了。

我在教六年级的时候，有一天，有同学向我告密："琪琪和小林在谈恋爱！"

"你怎么这么肯定？"我问。

"他们俩都牵手啦！有一次在楼梯转角，我还看到他们在亲亲！"

真有这样的事？

我决定先找女生琪琪谈谈。琪琪从小父母离异，是个比较内向的孩子，喜欢看书，文笔不错。我首先告诉她："我知道你和小林是好朋友，我也挺喜欢小林，这个男生幽默风趣，又肯帮助人，是个好孩子。"琪琪眨巴着眼睛看着我，猜我说这些话的意图。我从抽屉里找出了一篇文章递给琪琪，这篇文章的题目是《爱，别轻易说出口》，其中有一段是这样写的："爱包含了许多的东西，责任、道德、金钱、时间、困难、生老病死……真爱经得起时间的考验，当经历了风风雨雨，两人相互扶持，走完一生的人生之旅，这样的爱才令人仰慕，令人钦佩！爱一个人意味着什么？意味着为他的幸福而高兴，为使他能够更幸福而去做需要做的一切，并从这当中得到快乐。所谓的永恒的爱，是从红颜爱到白发，从花开爱到花残。爱是一种责任，爱也是无限的宽容，爱是细水长流……"

琪琪收起那篇文章对我说："可以送给我吗？"

"本来就是送给你的。"我摸摸琪琪的马尾辫说，"你和小林都很优秀，我祝福你们这份美好的感情能坚守到最后，但你现在必须记住的是，想要维护这份情感，就要保持适当的距离，把爱放在心底，细水长流。我相信你明白我的意思。"

琪琪点点头。

像琪琪这样的孩子，性格敏感多思，渴望陪伴，渴望保护。她和小林之间只是互相认同，彼此欣赏。她就简单地把这种感情误认为是"爱"。再加上班里同学的起哄，他们更会以为这就是爱。所以，作为老师和家长，与其给他们扣上早恋的帽子，不如和他们讨论什么是真正的爱，让他们对爱更加了解，内心有所自省，不至于盲目而冲动地做出一些错事。

教高年级的时候，我会经常告诉我的学生："喜欢一个人很正常，老师像你们这么大的时候，也有喜欢的人，但是把这种喜欢默默地放在心底是最美好的。而且，为了让你喜欢的人也同样喜欢你，你一定要让自己变得更加优秀。"孩子们都很赞同我的说法。

作为家长，当发现孩子对异性有好感的时候，一定不能强行阻止也不能不闻不问，而应该多和孩子讨论什么是爱。必要的时候，还应该现身说法，告诉孩子你的故事，让孩子充分信任你。同时，家长还应注意，不和谐的家庭关系也会造成孩子过早地去恋爱，甚至做出一些越轨的错事。通常来说，家庭幸福的孩子，对异性的爱是单纯而快乐的。

朱女士相信她的女儿对那位男生就是一种单纯的好感，不会做出什么过分的事情。所以，朱女士对老师的话一笑而过，并未重视。半年后的一天，朱女士发现女儿长胖了，朱女士隐隐觉得不妙，询问女儿例假的情况，女儿支吾着不肯说。朱女士带女儿去医院一检查，结果正是她最怕看到的，十二岁的女儿居然怀孕了！而和她发生关系的正是她喜欢的那个男生。

朱女士当时就觉得天昏地暗，不知所措。冷静下来后，她悔不当初。如果半年前重视老师对她讲的那些话，关注孩子的举动，及时引导孩子，就不会有今天的结果。可是朱女士真的没有想到，平时看似天真可爱的女儿竟然会做出这种糊涂的事情。

有的孩子具有两面性，在老师和家长面前表现出天真可爱的一面，但在同学面前也许是另一面，有些情况，不但家长难以掌握，就连老师也会感到震惊。

我记得有一次学校大扫除后，几个男生冲到我办公室递给我一部手机："老师，是小果忘了带走的。"男生们窃窃私语，神神秘秘地偷笑着，我觉得很奇怪，他们才说："老师，你看看里面的短信。"

本来不应该看别人手机的短信，但我还是忍不住好奇心，翻看了小果手机里的短信。不看还好，这一看，差点把我的魂吓没了。小果平时看上去是个品学兼优的好孩子，可是她经常用手机跟班里另一个男生互发短信，其中脏话连篇，甚至还涉及很多黄段子。

事后，我纠结了很久，还是侧面提醒了小果的家长。

现在的孩子接触的信息越来越多，做家长的，如果不仔细观察孩子，不深入了解孩子，看到的也只是孩子的表面。当然，多数孩子还是单纯可爱的。举这些特例，是要引起家长们的重视，当老师严肃地告诉你一些情况，你一定不能认为老师是小题大做。况且，真正负责的老师，才会如实告诉你孩子在学校的表现。

作为老师，有时很难摸透现在年轻家长的心理。有的家长从小给孩子定"娃娃亲"，有的家长特别要求老师孩子要和某某同学同桌。我还见过一个"超级无敌"的家长，老师说她的儿子和班里某位女同学有过分亲热的举动，这个家长不但没有半点紧张，还高兴地问："是吗？那女生漂亮不？我儿子像我，我就是早恋，这很正常嘛！"真是让老师彻底无语。

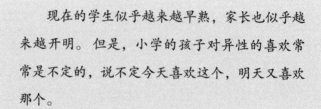

饶老师温馨提示

　　现在的学生似乎越来越早熟，家长也似乎越来越开明。但是，小学的孩子对异性的喜欢常常是不定的，说不定今天喜欢这个，明天又喜欢那个。

　　当老师提出孩子有"早恋"倾向，家长不必惴惴不安，责骂孩子；也不可掉以轻心，一笑而过。家长应该引起重视，采用适当的方式引导孩子。最好是在发现孩子对异性同学有好感的时候，就告诉孩子什么是真正的爱，哪些事情可以做，哪些事情还不能做，让孩子的小学时光留下纯洁美好的回忆。

4 孩子本无"病"，何苦强求医

生活中，真正有"病"的孩子绝对是少数。老师和家长千万不要随意给孩子冠以某"病症"，引起孩子的心理恐慌。如果因为大人的无知，妄下判断，最受伤的是孩子。

柏奇是个好动的男生，他刚上一年级的时候，所有任课老师对他的第一印象都是这孩子上课坐不住，总是做小动作，没有一刻能静下来，哪怕在做作业的时候，他也是一只手写字，另一只手在玩东西。

班主任建议柏奇的父亲带孩子去医院检查一下，看孩子是否有常说的"多动症"。

柏奇的父亲焦虑地带着柏奇去当地的一家医院挂了号。医生听完孩子的"症状"，开了一些治疗多动症的药。

柏奇服用药物一年多，好动的毛病一点没减少，个子还比同龄人矮了一截。更糟糕的是，班里的孩子知道柏奇在治疗多动症，都嘲笑他有病，柏奇也认为自己有病，只要老师一批评他上课不认真，他马上就会说："我有多动症。"老师也拿他没办法。

后来，柏奇的班级换了一个班主任，新班主任通过对柏奇的观察，一段时间后她很肯定地对柏奇的父亲说："你的孩子根本没有病，他只是比较爱动而已。他的智商很高，上课虽然在做小动作，但我发现我讲课的内容他都在听。我们需要帮助孩子改掉坏习惯，而不是给孩子治'病'。"

柏奇的父亲听了新班主任的建议，给孩子停了药物。在家长和老师的共同努力下，柏奇也在一点点进步，不仅成绩提高了，还增强了自信心。班里的孩子也在老师的引导下改变了对柏奇的看法。

生活中，真正有"病"的孩子绝对是少数。老师和家长不能因为孩子内向、不善交往就判断孩子有"自闭症"，也不能因为孩子爱动就判断孩子有"多动症"，更不能因为孩子在某方面和其他孩子表现不一致就给孩子贴上"有心理疾病""弱智"等标签。自闭症、多动症不是普通的心理问题，而是精神疾病，确诊需要带孩子到有专业资质的医院检查，还要经过医生长期的诊断和一系列的检测才能确定结果。如果老师和家长无知，妄下判断，最受伤的是孩子。

在一次讲座中我认识了一位家长王女士，王女士在听讲座的过程中一直沉默不语，亦未举手和我交流。讲座结束以后，她却走到我的面前，说要和我单独聊聊。

王女士对我说："饶老师，我是一个单亲妈妈，我有一个女儿叫芹芹，现在上三年级了。芹芹很乖很听话，可就是不爱说话，在学校没有一个朋友，老师也从没听过她说话。

"她回家对我说话也是惜字如金，我真怀疑孩子有自闭症。一直很担心，又不敢带孩子去检查，害怕面对真相。我听说，自闭症儿童很难医治。"

王女士边说边擦拭着眼泪，我完全能从她的言语中体会到为人母却又无能为力的心痛。

"坦白说，我不是医生，不能从您短短的描述中判断芹芹有没有自闭症。"我说，"但是，芹芹的状况让我想到了我曾经教过的一个学生小米。"

我曾多次在讲座中讲到小米的故事。小米也是个特别不爱说话的女孩，特别到我问她什么，她几乎都只用点头摇头来表示，实在不能用动作表示的情况下，她就咬着嘴唇眼泪汪汪地看着我。

如果我非要逼她说，她宁可写在纸上也绝对不张口。同学们送了小米四个字"金口难开"，还有同学怀疑小米本身就是哑巴。

我多次找到小米的妈妈，告诉她小米的问题。小米的妈妈总是笑着说："饶老师，小米在家里会说话，她绝对不是哑巴。"

"那小米会不会有自闭症呢？"当时，年轻的我非常无知，居然能问出这样的问题。

小米的妈妈立即收住了笑容，她非常坚定地告诉我："我的女儿没有自闭症，她只是不爱表达而已，我会努力让她改变，我也相信她会改变，请老师多给我们一点时间。"

小米妈妈的话让我脸红了。很长一段时间，我都在反省自己：作为老师，没有专业的知识，我有什么理由随便怀疑孩子有病呢？

为此，我内疚了很久，并且还专门咨询了这方面的专家，专家告诉我：不是孩子有言语障碍和人际交往障碍就一定是自闭症，判断一个孩子有无自闭症需要大量的测试才能诊断，比如：孩子和别人说话是不是没有眼神接触或者很少有眼神接触，孩子是不是总不合时宜地大笑或傻笑，孩子是不是兴趣狭隘，行为刻板机械，等等。

听了专家的话，我仔细观察小米，发现小米真的不是自闭症。我再次为自己的无知感到羞愧，赶紧跟小米的妈妈道歉。

小米的妈妈倒是没有责怪我，希望我也能和她一起帮助小米突破心理障碍，学会与人沟通和交往。

后来，我将小米的故事写进了我的儿童小说中，在故事里，小米变成了小西，小西的同学为了帮助小西说话，想出了好多点子，终于让小西在学校开口说话啦！

有一天我上课教学生学习生字，让大家"一字开花"——组词，我惊讶地看见小米举手了。

我马上点了她的名字，她组了一个词。当时，我根本没有去判断她组的那个词是否正确，就激动地表扬了她，因为我第一次听见了小米清脆的声音，这和我小说的情节是多么奇妙的巧合，在那一刻，小米就是小西！

故事里的美好结局在现实中终于实现了！我在孩子热烈的掌声中湿了眼睛，好半天都说不出一句话。

原来，是我班里几个可爱的孩子，看了我的书，按照书中主人公的方法帮助小米，小米克服了心理障碍，终于和大家交流。

孩子们还和小米商量好，要给我一个惊喜，故意在上课的时候让小米举手发言。

这件事情也一直激励着我继续创作儿童文学，我想让儿童教育和儿童文学铺合成一条美好的路，引导孩子们快乐前进。

听完我讲小米的故事，王女士若有所思地点点头说："看来，我不应该妄自揣测孩子有病，应该想办法改变孩子的习惯。"

"是的，您的女儿不爱说话，也许还有您的家庭环境等各方面的原因，作为单亲妈妈，您需要付出比其他母亲更多的努力，给女儿更多的关爱。"我坦诚地表明了自己的看法。

"如果我的女儿能遇见您这样的老师就好了。"王女士说。

其实，我最怕听到家长说这样的话。不是我故作谦虚，我只是众多一线教师中极其平凡的一位，和许多老师一样，只要走上了讲台，都希望能尽最大的努力教好孩子。

只不过，我比较幸运，能有这样的机会和大家分享我在教学中的心得而已。家长应该放心，多数老师都是和我一样的，甚至比我做得更好，他们默默无闻地怀着一颗热爱教育的心教书育人，只要家长愿意向老师敞开心扉，和老师携手合作，一定能想出更多更好的办法去帮助自己的孩子健康成长。

当然，如果你的孩子经过专业医院的确诊，真的患有自闭症或者多动症等，家长也不必太过紧张，积极配合医生给孩子治疗即可。

但需要注意的是，在治疗的过程中，不要告诉孩子他真实的病症，你可以用其他日常的病症来代替，以免孩子得到心理暗示"我有多动症""我有自闭症"或者"我是弱智"，这样不利于孩子的治疗。

说到智商这个问题，我也有很多感触。作为老师，肯定希望自己班里的孩子个个成绩优异。

但是，现实中，成绩优异的孩子必定是少数。若以成绩的优劣来衡量一个孩子的智商肯定是不对的。

特别在小学阶段，孩子的可塑性还很强，如果因为孩子起步时成绩不好，家长就着急带孩子去做什么"智商测试"，这是对孩子不负责任的做法。

一旦去做测试，孩子都会认为自己有问题，也会以此作为无法进步的借口。

相信大家都听过爱迪生小时候的故事，爱迪生小时候总是问一些奇怪的问题，成绩也很糟糕，老师都觉得他是个弱智儿童。上了三个月的小学，学校便让他退学了。

但爱迪生的母亲并不这样想，她认为自己的儿子是最棒的，只是好多潜力都没有被挖掘出来。在母亲的不断鼓励下，爱迪生长大了，通过努力最终成为发明创造领域的一个明星。

当老师和家长发现孩子的成绩跟不上时，首先想到的不应该是带孩子去医院检查"病情"，而是想办法帮助孩子进步，并且观察孩子是否在其他方面特别有优势，家长和老师抓住孩子其他方面的优势进行放大表扬，也能促进孩子学习上的进步。

若孩子智力真的不及他人，各方面也无明显优势，家长应该这样想：我的孩子身体是健康的，他的心灵是快乐的，这已经比很多人幸运了。老师应该这样想：我能教到这样一个孩子不是我的不幸而是我的幸运，他将是我教学生涯上一笔宝贵的财富，我会给他更多的关心和爱，他进步的每一点都能证明我的努力。

有一次，我参加小学毕业考试的统一阅卷，大家一致推选我改作文。当时所有的试卷都密封着，看不到学生的学校和姓名。在改了许多优美整洁的作文以后，我突然被一篇作文镇住了。

乍一看，这篇作文字迹工整，并且写满了所有的作文格子，满满两大篇。但仔细一看，所有格子里都是重复的这几个字"工""王""上""下"……没有一个连贯的词语，更没有一句通顺的话！

我顺便看了看这个考生前面做的基础试题，也都是这几个字的重复，很难找到一道回答正确的题。

但令人惊讶的是，试卷上的每一个空格都写满了，没有一处留有空白。我见过不少得分低的试卷，但这样的试卷我确实还是第一次看见，不由得发出了感叹："这孩子的学习态度倒是挺认真的！"

原来，每一个改试卷的老师面对这样一张堪称"天书"的试卷都发出了感叹。过后，一位秀气的年轻女老师微笑着说：

"这孩子是我们班的，他只会写这几个字，每次考试都是这样，每道题都会完成，我总是表扬他学习态度端正。这孩子除了学习不好，其他都挺好的，他很爱帮老师和同学做事，大家都挺喜欢他呢！"

再看这位年轻老师，参加工作应该没几年，她能如此心平气和地面对这样一个孩子，令在场的老师都很敬佩。要知道，在毕业考试的时候，个别老师遇到这样的学生，为了不影响班里的平均成绩，可能会劝孩子家长不要让孩子参加毕业考试，毕竟小学和初中是义务教育，孩子的小学毕业成绩不会影响他上中学。

还有些老师在低年级发现班里有类似的孩子，也会让家长带孩子早早去医院开一张"智力评测的证明"，以便在今后的统考中该学生的成绩不计入班里的考核。很多家长为了不得罪老师，也只得勉为其难。

我理解这些老师的苦衷，目前多数学校对老师的考评确实以班级的整体成绩为重，相对忽视了其他方面，这对一线老师来说是很不公平的，也会让个别老师不得不为了追求眼前的名利而做一些违心的事情。

作为老师，当走完教师的职业生涯，一定会面对良心的考问，会对自己做过的一些事后悔不已。我曾经就亲耳听到一位即将退休的老师告诉我："记得有一年，我为了评职称，毕业考试的时候，劝一位成绩差的学生装病不要来参加考试。当年，我带的班级确实考得很好，我也如愿破格评上了职称。前不久，我在街上碰到那个孩子，那个孩子长得又高又帅，他主动跟我打招呼，还说：'老师，我现在开了家餐馆，生意还算不错，您有空到我店里来，我请客。'我的孩子也上小学了，我告诉他一定要好好学习，别像你爸爸一样连毕业考试都参加不了，这是终生的遗憾啊！'"这位老师深深叹息后说，"这孩子虽然没说怪我，但我觉得他的话像刀一样往我心上戳，我那天晚上失眠了，我在想我这些年做老师还做了什么不对的事情。现在快退休了，我才觉悟：职称晚些评又怎样？优秀教师不当又怎样？这些东西都是会过去的，而过不去的是留给孩子们心灵的伤。"

我一直认为，一个老师是不是好老师，不是由学校领导来评定的，更不是几张荣誉证书来衡量的。一个好老师，来自家长和学生实实在在的口碑。

只要老师有一颗爱孩子的真心，把每一个孩子当作自己的孩子来看待，你就会发现，做好老师并不难。当自己白发苍苍时，翻着孩子的毕业照片回想自己走过的教育之路，没有良心的责备，留下的全是感动和欣慰，这难道不是最幸福的事吗？

饶老师温馨提示

一位资深的心理专家在讲座时说："带着孩子来我工作室咨询的家长很多，都说怀疑孩子有这样那样的'病'，我想告诉这些家长，有病的不是孩子，而是大人；需要治疗的不是孩子，而是父母。"

生活中，真正有"病"的孩子绝对是少数。家长和老师千万不要随意给孩子冠以某"病症"，引起孩子的心理恐慌。老师和家长都应多学一些相关知识，分清好动和多动，辨别内向和自闭等。若真发现孩子的行为符合疾病表现，一定要带孩子去专业的医院诊断，确诊后，则应及早配合医生治疗。但在治疗过程中，无须告诉孩子他的真实病症，方能让孩子放松心情接受治疗。

还有部分家长盲目给孩子补充各种营养元素，其实未必对孩子的身体有好处。一个健康的孩子，最需要的是和谐的家庭环境，父母的温暖陪伴。任何情况下，请记住，孩子的身心健康始终排在首位！

5 面对校园霸凌，
防患胜于补救

我们与其在校园霸凌事件爆发后，才讨论应有的反应和处理方式，不如在事情发生之前，就消解霸凌于无形，事先化解校园霸凌的发生，岂不是更好？

"校园的钟声叮当叮当，交织过多少美梦，成长的岁月总是让人难忘……"提起校园，很多人想到的就是阳光、操场、和蔼可亲的老师、奔跑欢笑的同学……但对于遭遇过校园霸凌的孩子来说，校园可能是他终生都不愿意回忆的地方。

近年来，许多媒体开始关注校园霸凌事件，让它迅速成了社会热点。其实校园霸凌一直都存在，并且类型众多，表现各不相同，有些霸凌，或许家长和孩子都不曾意识到。

根据这些年在教学一线的所见所闻，我把校园霸凌分为三大类：肢体霸凌、关系霸凌、言语霸凌。

校园霸凌中，最容易被关注的当然是"肢体霸凌"，因为"肢体霸凌"会给孩子造成肉体上的伤害，这种伤害是看得见的，最易被家长和老师发现。

一听到孩子被打，父母保护孩子的天性通常会油然而生，这是很正常的。但这时候，埋怨和愤怒都没有任何作用。当孩子告诉我们他被打时，父母该怎么做，才能让孩子既懂得保护自己，又避免今后再发生同样的事情呢？首先父母要及时观察孩子的伤势，看看是否严重，是否需要去医院就医。如果就医，要保存好相关票据和检查结果。接着，父母要通过多种途径了解事情的来龙去脉，问孩子、问孩子的同学以及请求老师帮助调查。如果孩子在整个事件中并没有过错，那么家长可以请求老师找到相关同学和其家长，要求赔偿以及向孩子道歉。如果孩子本身也有错误，要让孩子认识到自己的过错，双方家长友好沟通，帮助孩子解决矛盾，避免类似事情再度发生。

孩子在学校发生冲突，有各种原因，例如因彼此言语不和与对方发生冲突；因自己先言语、肢体攻击对方造成对方反击；因性格胆小懦弱，长期被人捉弄、欺压等等。家长和老师如果不了解清楚事情的真相就盲目处理，不但不能解决问题，还会把事情变得更严重。

"关系霸凌"是最容易让家长和老师忽视的霸凌存在。遭遇关系霸凌的孩子在团体里显得最为无助和无奈。我曾经教过一个女生叫会会，我经常看见她下课后一个人孤零零地坐在座位上，神情落寞地低着头，没有目的地翻阅着课本。同学们在旁边嬉闹似乎都与她无关，她就像空气一般无人理会。起初，我也只认为是会会性格内向、孤僻，不太喜欢与人交流。我也鼓励她和同学们一起玩，但是她总是对我摇摇头，默然不语。直到有一次，女生佳佳对我说："饶老师，其实我和会会住在一个小区，我们在小区里经常一起玩，她在小区里很活泼的！"

　　"啊？"我大吃一惊，问佳佳，"可是为什么你在学校从来不和她一起玩呢？"佳佳无奈地对我说："因为会会得罪了欣欣，欣欣又和小柳很要好，小柳又和我很要好……总之，很复杂啦，反正大家都说不准和会会玩，谁和会会玩就别想和他们玩，所以，我在学校不敢理会会，只好回家后再和会会玩啦！"

　　听完佳佳的话，我倒吸了一口冷气。该是我伸出援手的时候了，及时终止"关系霸凌"是老师的责任与义务。

　　我找到了欣欣、小柳等相关的孩子一一谈话，告诉他们："同学之间有什么矛盾可以用正确的方法解决，而这样团结起来排挤同学的做法其实是一种暴力行为，如果你们是会会，你们心中会怎么想？那种感觉一定是非常伤心、非常痛、非常无助的。"

　　孩子们也很快认识到了自己的错误，表示今后不会再孤立同学了。

身陷"关系霸凌"中的孩子，往往不知道该向谁说、如何说、说什么。他们总是一个人，在内心承受着犹如被刀割的痛苦与无尽的压力。

有些"关系霸凌"来自同学，有些则来自老师。如果孩子不幸遇见了个别心胸狭隘的老师，而家长和老师之间关系紧张，这种老师也会对孩子实施"关系霸凌"。我曾经听见一个老师说过这样的话："有些学生根本不必动手，你只要上课不抽他回答问题，他叫你你不搭理他，让同学们都别和他玩，就足够他受的了。"

因此，面对孩子，我们要有一双敏锐的眼、一颗敏感的心，能及时发现孩子的不对劲。在家里，爸爸妈妈要察觉到孩子的细微变化。我们不必期待孩子每次都开口说，其实孩子的眼神、表情、肢体动作、身体僵硬的程度等，多少已经在明示或暗示我们，他是否需要我们伸出援手。在学校，老师也要有一种能力感受教室中的风吹草动和有同学被排挤的特殊氛围。许多霸凌行为的蔓延和升级，往往源于事件没有被发现，或是发现了觉得无所谓。如果身为家长和老师都没有办法察觉，那被霸凌的孩子又该如何去解决？

"言语霸凌"也是校园霸凌里一种常见的类型，这其中包括：给同学取难听的绰号，辱骂嘲笑同学，恶意中伤同学等。

我收到过很多小读者的来信，诉说这方面的困惑。一个女生告诉我："饶老师，我真的快疯了，因为我长得比较黑，我们班有男生给我取绰号'黑鬼''黑包公'，结果几乎所有男生都这样叫我。我也反驳过，还和他们对骂，可是我越骂他们，他们越叫得放肆。我告诉过爸爸，爸爸说我'小题大做'，叫就叫吧，不理就好。我也告诉过老师，老师批评过那些男生，但只要背着老师，他们还是这样叫我，我该怎么办啊？每天去上学都是我噩梦的开始……"

孩子遭遇"言语霸凌"后，如果愿意对家长或老师说，说明孩子对我们信任以及有所期待，他希望得到我们的帮助。但家长和老师可能会站在成人的角度看问题，认为被同学取绰号、嘲笑、讽刺等是小事，不必太过较真，却没想到，这些你认为的"小事"却是孩子心中十足的"大事"，足以摧毁他幼小的心灵。有的家长反而还会责备和教育孩子，比如说："你要心胸宽广一点啊，没什么大不了。""你成绩好，大家就不会嘲笑你了呀！""你要更大方一些啦！不要常常板着脸，人家就不会讨厌你呀！"……

这些话，真的真的不要说。说这些话，对孩子没有实质的帮助，只会带来更大的伤害。孩子将不再把希望寄托在大人身上，而将痛苦深深地压抑在心底，长此以往，要么抑郁，要么爆发。

我们可以这样对孩子说："我理解你的苦恼，被别人这样说肯定不开心，那你希望我怎么帮你呢？"耐心聆听孩子的想法，如果孩子的要求合理，完全可以配合孩子完成。家长也可以找到孩子的班主任，请求班主任的协调和帮助，教育同学们：言语霸凌就像一把无形的刀，深深地刺伤了他人，没有人有任何的权利、任何的理由用"这把刀"伤害别人。

小柏是个矮小胆小的男生，长期被隔壁班的雷明欺负。雷明长得高高壮壮，常会守在男生厕所旁，看到弱小的男生就跟他要钱。他多次向小柏要钱，如果小柏不给，雷明就不让小柏上厕所。有一天，小柏身上实在没有钱，但又尿急，冲进厕所，雷明一把把小柏拽了出来，害得小柏尿了裤子。老师通知小柏妈妈拿裤子到学校给小柏换，小柏妈妈不明真相，当着老师的面把小柏臭骂了一顿。小柏有很多委屈，但在那种情况下，却怎么也说不出口，只能把所有的怨恨都放到了雷明身上。第二天，小柏从家里拿了一把水果刀，在雷明再一次向他要钱的时候，愤怒的小柏抽出兜里的水果刀刺向雷明的肚子……

我们与其在校园霸凌事件爆发后，才讨论应有的反应和处理方式，不如在事情发生之前，就消解霸凌于无形，事先化解校园霸凌的发生，岂不是更好？

据我观察，在一个班级里，有两类同学最容易遭遇校园霸凌。一类是表现不好，经常被老师批评的同学；另一类是性格软弱，逆来顺受，从来不反抗的同学。如果你的孩子是第一类同学，我们要帮助他变得"强大"。这里的"强大"包含很多方面：身体强壮有力、成绩名列前茅、是老师得力的小助手或者是有威信的小干部等。努力做到其中一点，在班里基本没人会欺负他。如果你的孩子是第二类同学，你一定要让孩子明白善良不等于软弱，我们可以大度地原谅别人偶尔的玩笑，但心里一定要有底线，如果他人的玩笑升级成了霸凌，触到了你的底线，你一定要给予适当的还击，但应注意还击要有分寸。

如果你的孩子属于班里的霸凌者，你更应该引起重视。孩子的道德观还没完全成形，类似"不可以欺负别人""欺负别人是坏孩子""再打别人我就揍你"这些话对他们根本不起作用，家长必须站在孩子的角度去了解霸凌的行为。对许多孩子而言，霸凌是一种寻求肯定的行为。很多孩子霸凌别人，是为了证明自己很厉害、很酷，但他们没想到这是错的、残酷的，是会带给别人痛苦的。告诉孩子，霸凌者只会让人害怕，领导者才能受人尊敬。让孩子谈谈他们愤怒的根源，教他们学会处理自己的愤怒，才是家长和老师正确的做法。

我曾经教过一个学生叫小伟，他在班里没有一个朋友，同学们都躲他远远的，没有人愿意和他做同桌。因为他总爱揍别人，只要别人说了一句让他不舒服的话，他一个拳头就飞过去了。为此，有好多家长同时来找我，想让校方劝小伟转学。小伟的妈妈是个很朴实的中年妇女，每一次说到小伟爱使用暴力的问题，她也只能默默地流泪。"饶老师，我们在家打也打了，骂也骂了，可还是没有用啊！"

我也多次找到小伟，问他为什么总是控制不住自己的拳头？小伟终于向我敞开心扉说："饶老师，我也不知道为什么总是容易愤怒揍同学，但事后我也很后悔，可在当时就是控制不住自己的脾气。"我告诉他："你知道吗？有心理研究表明，愤怒所持续的时间不超过十二秒钟，就如暴风雨一般，爆发时摧毁一切，但过后却风平浪静。所以当你意识到自己将要发怒前，在心中默数十二秒，当你数完的时候，你会发现，其实你已经没有那么生气了。你愿不愿意试一试呢？"

小伟向我点点头。

之后的日子，我观察小伟，他果真有了变化，有时候，他愤怒时，紧紧握住拳头喘着粗气，但没有出手。我也慢慢地引导班里的孩子去发现小伟的优点，大家也愿意和他一起玩耍了。自然，家长们的投诉也没有了。

会霸凌他人的孩子，经常是困惑、愤怒、急躁的。他们有时是为了达到某种目的，有时只是为了发泄情绪，他们也许并不知道这就是霸凌行为。在霸凌的当下，霸凌者会得到快感；但霸凌过后，霸凌者也会感到痛苦与羞愧。他们不愿意，或者不敢去道歉，因为那会让他们更无所适从。因此，我们应该帮助霸凌者控制自己的情绪，修复其和同学们的关系。处理霸凌问题时，把孩子当成大人，用诚恳的口气跟他们谈话，帮助他们解决实际的问题，才能有效地避免校园霸凌事件的发生。

预防校园霸凌，我们应努力做到：

一、观察孩子的异常，与孩子讨论对策。孩子若在学校遇见不开心的事，总会有所表现，父母要鼓励孩子说出来，若孩子不说，父母也要多观察孩子的表情和行为。

二、了解事情的真相后再做处理。如果发现孩子遭遇了校园霸凌，一定要多途径了解事情的真相，盲目处理不但不能解决问题，还会把事情变得更严重。

三、在孩子入学前，教会孩子自我保护和适当还击。面对校园霸凌，与其事后解决问题，不如防患于未然。

四、如果孩子本身有霸凌行为，要及时帮孩子找到问题根源，阻止事件再次发生。阻止孩子的霸凌行为，不要一味地责骂，甚至以暴制暴。要和孩子反复诚恳地沟通，找到孩子这样做的原因，帮助孩子控制情绪，修复和他人的关系。

别怕，家长要勇敢揭露"恶狼"老师的真面目

为了让更多的孩子免于受到伤害，家长应该勇敢地站出来，揭发"恶狼"老师的罪行！

　　佳琪念六年级，她长得很漂亮，还参加过一些电视剧的拍摄。老师和同学们都很喜欢她。可是，最近佳琪回家告诉妈妈，自己最怕上体育课，因为每次上体育课，新来的体育老师都会让她去器械室帮忙拿运动器械，每次都会趁机摸她的身体，尽管她已经竭力躲避，但内心依然很恐惧。佳琪妈妈听后立刻就想找校长反映此事，但是，佳琪爸爸不同意，他说事情没有证据很难说清，反而会影响女儿的声誉。

佳琪能在第一时间告诉妈妈发生了这样的事情，说明她是个聪明的姑娘，也说明佳琪家的家庭教育很成功，这是值得庆幸的。要知道，很多老师性侵学生的案例，都是在发生了无数次之后才被揭露，使很多孩子受到了伤害，原因就是孩子们不敢说、不知道怎么说，甚至还有些孩子不知道自己被侵犯了。

近年来，各种媒体经常有教师性侵的报道。关于学生受到教师侵害，中国人民公安大学曾对全国 5800 名中小学生做过一个问卷调查，其中 41% 的孩子受到过打骂威胁和肢体侵害。这其中又有 10% 属于性侵害。而性侵害案件的隐案率是 1 ∶ 7，意思是说如果有 1 起性侵害案件被揭露，背后会有 7 起不为人所知，有的是因为学生不说，有的是学校和家长发现了不愿意说。

一位读者的母亲曾经告诉我，一次她的女儿小青和她聊天时，有些神秘地告诉她："妈妈，我们体育老师选了我和另外两个女生去区里参加一个俯卧撑比赛，老师说是人体俯卧撑，很痛，但是我们要坚强，要拿第一名。本来老师让我们保密，但是我还是忍不住告诉你，因为练习真的很痛。"

这位母亲立即意识到情况不妙，详细一问，才知道女儿和另外两个女生已经被老师性侵了。母亲连忙报案，由此调查出还有多名女生也曾遭到这个老师的性侵害。

小青的妈妈深感后悔，由于没有及时给女儿进行性教育，让女儿糊里糊涂就受到了伤害。

这样的情况不只出现在小青身上，还有很多小学生被老师性侵了却浑然不知。

我认识一个女孩，她念小学五年级时是班里的卫生委员，每天都要将班里的卫生情况记录表交到学校管卫生的那个老师手中。而每一次去老师办公室交表，卫生老师都会关上办公室的门，对这位女孩说："你身为卫生委员，老师首先要检查你爱不爱讲卫生。"于是，这个人面兽心的卫生老师便将手伸向女孩，在她的全身来回抚摸，以满足自己的兽性。这个小女孩根本不知道自己被性侵犯了，回家也没对父母说起过这件事，但是她内心还是很害怕卫生老师的检查。直到长大以后，她才明白当年到底发生了什么，而事情已经过去那么多年，她也不想再回头追究，只是内心一直有层抹不去的阴影。

所以作为母亲，一定要及早告诉孩子："如果有人带有不轨目的来摸你的身体，要求你脱去衣服，触摸你身体的隐私处，对你讲下流话，邀请你看黄色下流的录像，向你展露裸体，要求你抚摩他的身体等等，都属于性侵犯。"受性侵犯的并不只有女孩，男孩也会有，只是女孩遭遇性侵犯的比例更高。

现在的女孩发育都比较早，小学五六年级已基本步入青春期，作为父母，要留意女儿的发育情况，要给孩子选择合适的内衣，外衣也应该简单大方。

我有一个师兄，在师范学校时是个品学兼优的好学生。有一次，我竟在报纸上看到他的名字，标题就是"某某老师禽兽不如，工作 3 年奸淫 13 名女生……"

我彻底惊呆了，赶紧将新闻报道看完。原来我这个师兄因为工作压力大、不顺心，领导也不重视他，女朋友又和他分手，心理上有很大的落差，产生了强烈的不忿。记者问他第一次做这种事是在什么时候，他说是在夏天，看到班里一名漂亮女生只穿了一件背心，胸部依稀可见，他就动了邪念，将女生骗进他的单身宿舍进行了强奸，事后还恐吓她，如果将事情说出去，就要她的命。他还说，每强奸完一名女生，他就有种报复的快感，认为报复了学校、报复了社会。

那么，佳琪的妈妈应该坚持自己的意见告发这个老师，还是应该听佳琪爸爸的话，让孩子自己多多注意就行了呢？

我认为一定要告发！很多性侵学生的老师，就是算准了家长的心理——这是丑事，即便知道了也不会揭发，所以他们才会屡屡得逞。

我有个在公安局工作的朋友还给我讲过这样一个案例。一个家长来报案，说他们的女儿被学校辅导员老师性侵了。警察立即对这个老师展开调查，在他的电脑里发现了上千张和学生的亲密照，上百个女生都被他性侵过，但是之前却没有一个家长来报案！

后来询问这些未报案的家长，有些家长浑然不知，有些知道的家长解释道，孩子只是被老师搂抱亲吻，没有遭受更大的伤害，所以为了大家的面子也就隐忍了。

试想，如果不是那个家长报案，这个辅导员老师还要侵犯多少女生？还会有多少女生的童年要因此蒙上一层阴影？后果不堪设想。

当然，佳琪妈妈在告发这个体育老师的时候，也要注意方式方法。她应该首先告诉孩子的班主任，再和班主任一起告知学校领导，并且让班主任和校领导为孩子的事保密。一个正直的校长不会忽视此事，会想办法对此事进行调查的。事后，如果警方需要佳琪妈妈做证人，她也应该勇敢地站出来说出自己知道的一切。

同时，佳琪妈妈还应该表扬佳琪是个勇敢的孩子，并要提醒她今后若再遇到这样的情况该如何处理，抚慰孩子受伤的心，尽量淡化她内心的阴影。

当你的女儿步入校园生活后，一定要提醒她，尽量避免单独和男老师相处，更不要独自进入男老师的宿舍。

家长应告诉孩子：如果遇到老师性侵犯，不要害怕，应先想办法尽量摆脱老师，跑到人多的地方去，赶快告诉其他老师；如果遭遇老师性侵犯，无法逃脱时，应该先保住自己的性命，回家后要第一时间告诉家长。家长也应该注意，在听到孩子对你倾诉此类事件时，必须保持冷静，不能对孩子发火，应详细询问孩子事情的经过，并告诉孩子："别怕，爸妈会帮助你的！"

只要对孩子进行基本的性教育，只要家长和孩子足够勇敢和正义，性侵犯案件就不会在校园里藏匿，孩子就可以不受伤。

后记

感谢那一段做教师的岁月

　　还记得那年刚走上讲台的我，本是个稚嫩的小姑娘，非得努力装出一副严肃、端庄的模样，生怕镇不住学生。当老师的日子里，我走过弯路，流过眼泪，受到过质疑，也赢得了很多荣誉，渐渐悟出了当老师的真谛，也感受到了当老师的不易和幸福。

　　做教师十五年之后，我选择了辞职，倒不敢说为了"梦想"，只是觉得未来很长，想专注于写作和教育事业，给自己的人生更多的可能。虽说做出离开的决定经过了很长一段时间的思考和挣扎，但对家长和孩子们来说，还是太突然。我能从他们的眼睛和泪水里看到不舍，直到如今，我也非常感谢那届的学生和家长对我的包容和理解。

我离开后，有一次路过以前的学校，刚好遇见以前的学生在上体育课，有孩子透过学校围墙的缝隙看到了我，高喊着："饶老师，饶老师……"一瞬间，所有的孩子忘了上课，蜂拥到围墙边看我，有的甚至徒手往上攀爬，吓得我惊呼："快下来，下来！注意安全！"

后来我答应回学校看他们，每次，孩子们都里三层外三层地围着我不让我走。有一天中午，遇到他们吃午餐，孩子们拿着各自的小饭盒坐在学校门口的台阶上，三三两两，互相交换着位置，用身体阻挡着我的脚步。他们回头仰着小脸看我，调皮地微笑着，我却突然觉得很心酸，慌忙逃出了他们布下的"台阶阵"，含着泪水头也不回地冲出了校门。

很长一段时间，我不敢再回去看他们。

那天正午的阳光暖洋洋的，孩子们端着饭盒坐在台阶上回望我的微笑，一直在我的记忆里闪闪发亮。

正因为教师这个职业在我心中留下太多的感触，在辞职后的三个月，我写下了《别让孩子伤在小学》，最初的目的是想给自己这段教师经历留下一份纪念，也想通过老师的视角让家长朋友们了解真实的小学校园生活，让更多的孩子能够在小学校园快乐成长。但让我万万没想到的是，《别让孩子伤在小学》首次出版，上市一个月销量就突破了十万册，每天打开我的抖音、快手（@雪莉老师）等社交平台，都能收到一些家长咨询的问题。坦白说，这些问题多数大同小异，无非是孩子在学校被同学欺负了，孩子不被老师重视了，孩子不爱学习怎么办……但是出于对孩子的紧张和爱，家长朋友们还是会觉得自己孩子遭遇的是特例，内心苦闷，急于寻求帮助。

面对这些提问，我很感动，感动于这些与我素不相识的家长对我完全的信任。同时，我也深深地意识到，孩子在学校遇到一些问题，家长往往比孩子还着急，还焦虑。

我突然觉得，我虽离开了现实中的三尺讲台，但一个无形的讲台却延展在我的生命中，让我可以把自己的经验毫无保留地和更多家长朋友们分享。我竭尽所能去回复这些信件，虽然我知道，我讲的话不可能有那么大的治愈力，尤其对现在的年轻家长来说，很多教育的道理他们都懂，只是很多时候，面对自己孩子的问题，家长们总会当局者迷，急切希望得到来自外界的帮助与支持。

其实做父母的，只要真正放下内心的焦虑，试着轻松对待生活，对待孩子的教育，你就会发现，没有那么多"烦恼"需要别人帮助。要想轻松做父母，首先要意识到这世上没有"完美"的父母，所以不用要求自己的孩子"完美"，更不必奢求孩子的每个老师都是"完美"的，对自己、对孩子、对老师、对学校合理的期许是"够好"就好。当你放下对"完美"的执念，许多关于孩子、关于教育的问题都能迎刃而解。

今年，《别让孩子伤在小学》经典纪念版有幸在作家出版社全新出版。感谢作家出版社对这套书的肯定，也感谢这十年来，读者们对它的支持。这套书除保留以往的经典内容，又增添了家长朋友们经常来信咨询的热点话题，我还是坚持以最真诚的态度、最坦白的话语来面对所有的读者。我相信，无论写什么书，只要作者本着诚意去写，读者一定能感受得到。看过这套书，无论您是肯定，是质疑，是点头，还是叹息……我都欣然接受。当然，如果书中的一句话、一个故事、一个小方法，给了你一点小启示，也会是我最大的满足。

如今，我曾经的学生们也都陆续长大了，有的已经结婚生子，做了爸爸妈妈；有的正上大学，青春飞扬；有时候，我在网上总会收到一些留言："饶老师，你还记得我吗？""饶老师，我是某某某，你现在在哪里？"" 饶老师，我做妈妈了，我买了你写的新书哟。"……我总会点开他们的头像，将他们和记忆中的某个小小孩重叠在一起，那真是一种美妙的体验。

曾经是老师，一辈子就是老师。

感谢那一段做教师的岁月。